ology 丛书

本研究承蒙教育部人文社会科学重点研究基地重大项目（13JJD770024、15JJD770020）、中组部"万人计划"青年拔尖人才支持计划及教育部哲学社会科学研究重大课题攻关项目（16JZD034）资助

山海故人

明清浙江的海疆历史与海岛社会

谢 湜 著

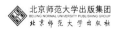

北京师范大学出版集团
BEIJING NORMAL UNIVERSITY PUBLISHING GROUP

北京师范大学出版社

谢湜

　　中山大学教授、历史学系主任、博雅学院院长，主要从事明清史、历史地理学、社会经济史的教学和研究，入选中组部首批"万人计划"青年拔尖人才，耶鲁大学访问学者，现任教育部历史学类专业教学指导委员会秘书长、教育部人文社会科学重点研究基地刊物《历史人类学学刊》主任编委。著有《高乡与低乡：11-16世纪江南区域历史地理研究》，在《历史研究》《近代史研究》《文史》等刊物发表论文30余篇。

谨以此书纪念

我的祖母

詹燕闺女士（1929—2019）

外祖母

金秋云女士（1933—2017）

序

多年从事中国地域社会史研究的经验，让我们越来越明晰地认识到，大一统中国历史发展的内在一致性，是以其相互密切联系的区域发展的巨大时空差异为前提的。也就是说，地域社会历史发展的内在不平衡性和各地域间永无休止的矛盾及其调适，正是中国之所以成为一个伟大的统一国家且长期存在的逻辑起点。本书所展现的明清浙江的海疆历史与海岛社会的复杂面向，从一个独特的角度，为以上这个带有某种历史辩证法的学术判断，提供了富于启发性的生动例证。

正如书名所揭示的，《山海故人：明清浙江的海疆历史与海岛社会》描述的是我国东南海疆若干岛屿的社会历史变迁，虽然舟山群岛、南田岛、玉环岛与陆地的距离均只有数里之遥，传统时代各岛屿之间的水路交往也算便捷，但以其与王朝关系为坐标的历史进程，却呈现出差异巨大的路向与面相。唐代舟山已经设县，以后其建置兴废无常，明初开始长期处于半荒弃状态，诸方走私者云集，明亡后成为南明重要据点，历经战乱与迁界，至康熙二十五年（1686年）展复设县，重归王朝版图。至于玉环岛，宋代就建有盐场，明初和清初两度厉行海禁，嗣后长期为所谓"漳贼"和"导漳之贼"等亦商亦寇的海上武装力量活动之地，其弃守决策和治理方略与乐清湾周遭地域社会及其行政建置的变化密切相连，直至雍正六年（1728年）才展复并设置玉环厅。地处舟山与玉环之间的南田岛距离陆地仅二里许，却以"孤悬海外"为由，自明初迁弃后被封禁了五百多年，直至光绪元年（1875年）才获准开禁，开始设立行政建置。令人感兴趣的是，不管是迁弃还是展复，荒废还是开发，这些岛屿的治理之策都一直在朝廷和地方官员关注的视野之中，而如何处理与朝廷、官府的关系，对岛上生活人群来说，更是日常生活中利益攸关的大事。对于历史学来说，国家的存在是很自然的事情，有意思的是，在中国社会历史的研究中，即使是在浙江东南沿海这样比较偏远、外向，流动性强，人群多而杂，多少有些"异端"的海岛社会中，国家的话语权与合法性仍然如此自然而顽强地表现其无时不在和无处不在。

毋庸讳言，这种情形的出现自有文献利用方面的缘由。不管是官方文献还是民间文书，都自然蕴含国家意识形态的内容，方志、政书、文集，以及碑铭中存留的文字，其正统性也不可避免地以朝廷的法度与礼教为依归。千姿百态、相互矛盾的中国社会的"地方性知识"，一旦进入文字系统，常常就自然而然地转化为朝廷典章制度和国家意识形态的"地方性表达"，这也正是这个国家的地域不平衡性能够成为整体的内在统一性逻辑前提的奥妙所在。不过，如果回到历史事实本身，在本书具体的讨论中，我们仍可看到传统时期海岛民众与海上活动人群的日常经济与社会生活的生动情形，从中发现与陆上百姓不同的社会经济样态。

正如本书所描述的，漫长的历史时期中，在东南沿海的岛屿上，并非所有居民都已经被编入里甲，成为编户齐民，而是有大量的"海岛逃民"存在。这些非编户齐民者，尽管在岛上也从事土地垦殖，但更多的是以海为生。在朝廷禁止百姓从事海上贸易的年代，因被"迁弃"或"封禁"而不受官府管辖的海岛，更容易成为没有里甲户籍的百姓聚集交易的场所，舟山、玉环有过这样的时代，而南田的例子更是典型。即使在地方官府进行了户籍编审，其百姓已成为朝廷的编户齐民的海岛和沿海地方，官府的控制力量也是相当薄弱的，百姓"违禁"仍然是其日常生活的一部分。"盗""民"不分实乃数百年间东南沿海社会的实态。然而，"盗"与"民"之间的对立与紧张，乃是了解朝廷典章制度的文人和对地方统治秩序负有责任的官员制造出来的，对于一般的百姓来说，除了战乱发生，特别是官军前来围剿的时候，在大多数情形之下，他们并未觉得日常生活中"盗"与"民"之间真的是势不两立的。即使是被地方官府和陆上文人视为不法之徒者，他们在心理上仍然视官府为其定居私垦活动合法性的重要来源，若有官员"查勘"，他们也愿意"入籍"。

我们也不难发现，传统海上活动人群缺乏类似土地所有那样的自然财产法权，流动性强，以户籍登记为基础的地域认同意识也比较淡薄。除了海边潮间带的滩涂外，在传统的产权意识和技术手段下，茫茫大海难以确立类似土地所有权这样的财产法权，对传统渔场占有的观念也是流动而模糊的，更缺乏土地契约这样有可能经过官府确认的产权文书。这也是 20 世纪 50 年代划分阶级成分时，东南沿海渔村只有"渔霸""渔业资本家"，而没有与农村中"地主"的概念相对应的"海主"这一阶级成分的缘由。现代的研究者从古典经济学的原理出发理解海洋史时，对这一点要特别加以关注。由于不具备经过官方登记的田土所有权，在传统的海上活动人群中，以"籍贯"为特征的地域认同观念也与陆上人有明显不同，这一点从明清之际东南沿海许多著名"海盗"的籍贯模糊的情形可见一斑。海上活动人群本来就是无籍之人，"出入风波岛屿之间，素不受有司约束"[1]，流动性很大，所以浙江的南田才会出现"查沿海一带，凡垦山种茹、捕鱼挑贩之辈，闽人十居七八，土著不及二三"[2] 的情形，16 世纪乐清湾一带"凡漳贼与导漳之

---

[1] （清）李龄：《赠郡守陈侯荣擢序》，见（清）冯奉初辑，吴二持点校：《潮州耆旧集》卷一《李宫詹文集》，8 页，广州，暨南大学出版社，2016。

[2] 《觉罗琅玕奏闻查明久禁荒地南田地方不便开垦缘由并绘图贴说恭呈御览》（乾隆五十二年十月十三日），台北故宫博物院清代宫中档及军机处档折件，文献编号 403052005。

贼，率闽浙贾人耳。贾赢则以好归，即穷困则为寇"[1]，更是一个例证。我们不能仅仅从陆上人的行政地域观念出发去理解海上活动人群的籍贯与身份认同，而是要充分考虑他们流动性极强的关于自然财产法权的"集体无意识"。

值得注意的还有，传统海上活动人群从海洋获取的产品不足以维持"自给自足"的生活形态，其存活依赖于交换和市场，因而他们是天然的"商业族群"。人们常常以"一家一户，自给自足"之类的语言描述传统经济条件下小农的生活，因为在陆上农业社会的条件下，小农家庭有可能通过在土地上的劳作，生产出除了铁器、食盐之外的绝大多数足以维持生活和生产的资料，容易给历代文人提供"鸡犬相闻，老死不相往来"的自给自足、丰衣足食的想象空间。但是，对于传统海上活

---

① 嘉靖《太平县志》卷五《职官志下·兵防·军政考格》，见《天一阁藏明代方志选刊》第17册，13a页，上海，上海古籍书店，1963。

动人群，包括以获取鱼类和其他海产品为主要生计来源的渔民，他们从大自然中获得的劳动产品不足以维持其生命的延续，也就是说，吃不上粮食就无法生存。这样一来，以渔获和其他海产品与陆上居民换取粮食，就成为"水上人"赖以生存的基本条件。这不但使海上活动人群的日常生活天然地具备了交换经济的色彩，而且也自然而然地在中国东部沿海形成了一条长达数千公里的、以农产与渔产交换为重要内容的贸易地带，从而出现了本书所揭示的，浙江沿海与海岛"居民喜游贩鱼盐，颇易抵冒"[①]，"远而业于商者，或商于广，或商于闽，或商苏杭，或商留都"[②] 的情况。也许东南沿海地区居民的商业天性，也可以从这类与生命存续直接相关

---

① 至正《四明续志》卷一《土风》，见《中国方志丛书》华中地区579 号，5836 页下，台北，成文出版社，1983。

② 嘉靖《太平县志》卷三《食货志·民业》，见《天一阁藏明代方志选刊》第 17 册，2b～3a 页，上海，上海古籍书店，1963。

的日常现象中一窥端倪。

这样的生存与生活样式，自然而然地，也对东南沿海居民的生产经营方式产生了意义深远的影响。传统海上活动人群以船只为主体的生产资料，不同于土地等天然物，对其拥有必须以资本的投入为前提。与陆上的生活不同，人在大海中活动离不开船只，结果，唐代以来千余年间浙东南地区的造船业一直备受关注，造船技术日臻成熟。而除了极个别的例外，造船、购船和修船均需要资本的投入，这与陆上居民可依靠个人或家庭的力量，使用简陋的工具，以"刀耕火种"之类的简单耕作方法就可获得劳动产品的经济生活方式相去甚远。这一制约因素使几乎每一位拥有船只者都潜在地存在着成为"资本家"的可能性，即所谓"商人造船置货，资本自饶，即或船系雇募，货非一商，大约以本求利"①。而

---

① 中国第一历史档案馆编：《康熙朝汉文朱批奏折汇编》第 3 册，541 页，北京，档案出版社，1984。

且，因造船成本高昂，"造大船费数万金"①，为了筹措资金，民间很容易自发地形成各种合伙、合股、借贷、抵押等传统的融资机制，这类机制中常常孕育着某些近代商业制度和金融制度的萌芽。

由于船只所有者和无船者双方的生计需求，雇佣关系又常常成为传统海上活动人群与海上经济组织中重要的社会关系。在日常经济生活中，拥有船只的家庭常常会遇到劳动力不足的情形，而其他许多以海为生的家庭则可能因为财力的限制而无法造船或买船，这样一来，雇佣关系就比较容易成为传统海上经济组织中的重要社会关系。传统时期海上活动具有较大的风险，许多富有的"船主"不愿自己或儿子们出海冒险，更倾向于招募其他家庭的青壮年出海贸易，这种经济关系常常以"义子""契子"之类"泛家族"的形式出现。正如本书所

---

① 道光《厦门志》卷十五《风俗记·俗尚》，见台湾银行经济研究室编辑：《台湾文献丛刊》第 95 种，645 页，台北，大通书局，1984。

指出的，拥有雄厚资金和深厚背景的海商豪族，常常利用养子或雇用富有航海经验的货商担任船主。船货兼营的经营方式还向租赁方式发展，清初开海以后，船只租赁更成为普遍的经营方式，一主有船四五十艘的情况也屡屡出现。由于航海活动需要的分工更加细密，所谓"造船置货者，曰财东；领船运货出洋者，曰出海；司舵者，曰舵工；司桅者，曰斗手，亦曰亚班；司缭者，曰大缭；相呼曰兄弟"①。这样细致的内部分工，远非家族成员所能包揽，结果岛民从事雇佣舵水的情况也就相当普遍，舵水人等的招纳基本上采用的是纯金钱雇佣关系的方式。这样一来，在一条较大船只上工作的，常常不完全是同一个家庭的成员，这与传统农业的生产方式存在着具有本质意义的差异。

我在许多场合都讲过，中国东南沿海地方的百姓至

---

① 道光《厦门志》卷十五《风俗记·俗尚》，见台湾银行经济研究室编辑：《台湾文献丛刊》第 95 种，645 页，台北，大通书局，1984。

迟从汉唐以来就一直在进行海上贸易，从中获利颇丰，海上活动已经成为地方文化传统和百姓日常生活不可或缺的部分，由于国家制度与地方社会的变迁，这些从事海上活动的人群的社会身份和公共形象也随之发生变化。要理解历史时期东南沿海百姓与海岛居民的物质生活与精神世界，不仅要关注商品、交通、市场、利润等更多地属于经济层面的内容，更重要的是，要对朝廷典章制度和地域社会变迁的整体面貌有更多的理解，更加富于同情心地去解读历史资料和地方文献，理解当时人的生活与情感。在这一意义上，本书讲述的故事，为读者打开了理解历史时期东南海疆历史与海岛社会富于启迪意义的新视野。

是为序。

陈春声
2020 年 6 月 21 日
于广州康乐园马岗松涛中

目 录

岛　　链

今海洋行驶，有远贩外夷之洋船，有自闽、广、江、浙以迄辽阳贸易，暨自闽至宁波、乍浦装载杉木之商船，有渔汛网捕之渔船，有采拾淡菜、紫菜，钓捕鱼虾之淡船及出海樵采□网各色之小船。其船大小不同，奸良混杂……春夏渔汛之期，温台之南洋、定境之北洋，闽人驾舟网捕黄鱼者不下千计……

——（清）缪燧《沿海弭盗末议》

图 1 宁波象山石浦港

一、讨海为生

我出生在离海不远的一个县城，从小对海物并不陌生。7 岁之前，我和家人住在澄海县（今汕头市澄海区）老县城中一个菜市场边上的小巷子里，那一带的地名叫作新溪墘。在我的记忆中，那里的空气和人们的衣衫永远弥散着一股海腥味。市场棚屋下，租有固定摊位的精明的鱼贩们，大清早会偷偷地给前几日捕自深海的冰鲜鳓鱼"化妆"——涂点黄色粉末增加它的光泽，以显示新鲜。到了傍晚，早出捕鱼的渔民们归来，他们在棚屋外的露天通道上一字排开草席，贩卖那些鳞片闪着银光的浅海鱼，还有活蹦乱跳的虾和横行霸道的蟹，这时候，前来买菜的男女老少兴奋地穿梭于这些地摊，接踵摩肩，或站或蹲，挑三拣四，讨价还价，彼此不认识的顾客们，也会一起讨论鱼虾的新鲜程度，总能在喧闹中挑到自己满意的浅海鱼鲜。

若有机会随大人去海边钓鱼、去沙滩游玩，那是小孩子们的至上快乐。那时大多数海滩和码头尚未开发成旅游区，所以主要是渔民、鱼贩子的天下，以及海螺壳、珊瑚、海柳等制成的各式简朴工艺品的世界。在码头鱼市上，鲜活鱼类早已被速速运走，摊档上主要贩卖硬邦邦的鱼干，还有各种原汁原味蒸煮后风干或冻干的海鱼，咸淡适中，鲜美可口，广受欢迎，乡人称之为"鱼饭"。以鱼当饭，可见其十分家常，"鱼米之乡"的说法，在这里可作新解。

我的父亲小时候是在澄海县城长大的，母亲的老家隆都镇则位于远离海岸的山间盆地。隆都位于盆地的中心，以前人们把这片盆地比喻为一个鼎，而隆都就是"鼎脐"，地势非常低，虽常遭水患，但同时也扮演了临近商货聚集地的角色，有一定的商业传统。19世纪后期在泰国曼谷创设陈黉利行、经营出入口贸易而发家的著名的陈慈黉家族，就出自隆都前美村。尽管商业传统早已将这个内陆盆地的社会与东南亚联系在了一起，但对于生活在当地的人们来说，农耕还是主要的经济形态。

隆都镇的中心叫作店市，过去是个买卖牛的墟市，父亲从来都认为母亲是不懂海鱼的，尽管在我看来母亲已经是无所不知。父亲在家庭聚会说笑时总会讲起一个段子，说他当年去母亲家提亲时，从县城带了一条"王鱼"去送礼，结果母亲一家老少和四邻纷纷前来观赏，啧啧称奇，大多数人都没见过这种海鱼。一说到这里，父亲就一副得意扬扬的样子。对于生活在内陆地区的人来说，自然会认为海边人对于海边事更加熟悉，其实，若将这种对比范围缩小至滨海地区，人们的海洋知识的丰富程度，譬如能够辨认的浅海鱼类品种的多寡，通常也与其距离海岸线的远近成反比，在现代的保鲜冷藏技术以及快速物流业发展以前，这种现象十分常见。

对于航海知识和海上生活，一般人不易体验。记得儿时听父亲绘声绘色地说，划竹排出海捕鱼的船夫的肚皮就如同橡胶一样，一次可以装得下三顿饭的量，因为海上风浪莫测，随时要与风浪搏击，付出大量的体力，但小小的竹排只能容纳一些渔具，装不下多少食物和生活用品，所以出海前一定要填饱肚子。我一直没有求证这个"大胃王"船夫故事的真伪，当时只是觉得船夫确实是不一样的一类人，出海捕鱼是一项极为冒险的职业。还有一些从父亲那里听到的闽南方言的谚语和成语，譬如"行船无等父""风流水势"，我倒是一直坚信不已。在没有机械动力的时代，海上航行主要依靠风力和洋流，时机一到，片刻不容延缓，即使是把亲生父亲落下，也要首先保证航行的顺利以及船上所有人的安全和福祉。

渔民在闽南语里也叫"讨海人"，意为向大海乞讨为生的人。"讨海"一词，在宋人的诗中就已多见之。陈造的《定海甲寅口号》(之三)诗中就写道：

已抄口数报隅官，岁后朝餔定不难。

且愿眼前彊健在，趁坊讨海过冬寒。①

陈造还曾作《定海》诗四首，其一云：

宦廨盐烟外，居人杂贾胡。

听言须画字，讨海倚输租。

习俗何妨陋，鲜肥颇不无。

已甘三载住，畴昔计乘桴。②

我觉得"讨"字十分传神，既显示出某种自信，也传达出某种无奈。在我熟悉的潮汕方言里，人们还把谋生挣钱叫作"讨赚"。我不知道这是否与"讨海"的说法有联系。讨点生计，赚得钱财，还得应付租税，讨海为生的人们，终究是饱含沧桑的。

　　陈造诗中的"居人杂贾胡。听言须画字"，讲述的则是讨海为生的另一种情境，那就是番贾洋商杂居于内洋港埠。对于外洋的知识，海边人不会大惊小怪，但也不一定都能知晓，外海航行和番邦事物，总是有种神秘感。记得我读小学二三年级的时候，有位邻居阿伯家的大儿子颜昭生，我们喊他"生兄"，生兄是跑远洋货运的，是船上的二副，休假回来，曾到家里聊天，跟我们聊起各种故事，譬如冬天到了高寒地区，冰天雪地，下船小便需要随身带一根小木棍，以防尿液一下子结成冰柱，我们小孩子听了觉得十分神奇。生兄还说，海上行船时会遇到海盗船，一听到这，我们眼睛瞪得大大的，生兄又马上解释说，海盗不是很可怕，只要不惹他们，他们一般不会找麻烦，但如果抓了他们的人，后果可就不堪设想了，他所在的船队多次穿越马六甲海峡，就遇到过海盗船，所幸平安过关。这些历险故事当时真把我们镇住了，生兄的形象在我心中无比高大。

至于马六甲的位置，我是后来学了中学地理学，查了地图才知道。除了马六甲之外，还有诸多南洋的地名，都是在儿时就经常听大人们提到的，譬如暹罗、实叻（即新加坡）、安南、仰光等。祖母的家庭在民国时候算是小康之家，抗战爆发后，家道中落，有不少亲戚移居东南亚和我国香港地区生活。祖母是不大认识字的，但经常会给我念不少方言顺口溜，譬如海中的凶猛鱼类排名，就是"一魟、二虎、三沙毛、四金鼓"，我很小时候就记下了，但真正亲眼看到全部四种海鱼，也是近年的事情。还有一组好玩的顺口溜，一个叫作"一上二香，三叻四暹"，讲的是民国时期老百姓心目中的亚洲四大繁荣城市排名，从高到低依次为上海、香港、新加坡、曼谷。还有一个叫作"安南埠，会得入，袂得出"，讲的是客居越南生死难料。

祖母有一位表弟叫林任国，父亲喊他任国舅。任国舅早年去了安南，杳无音信，一直到 20 世纪 60 年代，有位乡亲过番归来，告知任国舅早已去世多年，终生未娶。据父亲说，当年祖母和她母亲闻讯后十分悲痛，哭了好多回。

前面提到了我的儿时邻居生兄，还有一位邻居老伯，家里人都在印尼。老伯说自己年轻时也去过一段时间，后来回国做工。老伯平日十分谦虚低调，不善言辞，每次说起印尼的穷苦亲人们，眼里常泛着泪花。

在我修改这部小书的时候，父亲还专门跟我补充了他难以忘却的一位老邻居家的感人故事。父亲小时候随祖父祖母从澄海近郊的信宁乡搬到城内，先后搬了六七次家，20 世纪 70 年代初，在城西一处叫"荣膺亭"的清代老宅里租了一间小房子居住。1971年，父亲在城西树强学校当上了民办教师，邻居都亲切地喊他"芝英（按：父亲的名字）老师"。1972年春节的一天，邻居跟父亲说："芝英老师您看到了吗，'弟仔伯'家里的春联真奇怪，叫作'世界和平好，清迈任往来'，读起来都不通。"这位"弟仔伯"据说为人非常正直，任居民组长，他的儿子阿牛、儿媳莹姐，都跟父亲也很投缘，两家人成了好邻居，至今还有来往。父亲说，当时他听了也忍俊不禁，就偷偷去打听怎么回事，听了阿牛兄和莹姐道出事情原委后，父亲说他再也笑不出来了。

原来"弟仔伯"还有个大儿子叫阿五，阿牛排行老二。阿五在1949年之前娶了媳妇，就只身去了越南，一去悠悠，不知下落，儿媳妇也改嫁了，"弟仔伯"非常悲伤。后来得知许多在越南谋生的潮汕人，因为南北越激战，纷纷从越南逃往临近的泰国清迈一带，老人家冀望他思念的儿子或许也能平安地到达清迈，有朝一日能归来。临近春节，他请卖春联的师傅专门为他撰写这一年的春联，寄托他的思念，师傅十分理解，大笔一挥，写下来这副朴素得有点"蹩脚"的春联，真实地反映了"弟仔伯"的心情。

光阴荏苒，到了80年代末，又经历两三次搬家后，有一次父亲回城西与老邻居们叙旧，惊喜地得知，1975年越南统一，几年后，阿五奇迹般地回来了。可惜的是，"弟仔伯"夫妇已去世多年，没能看到"清迈任往来"，没能等到心爱的儿子回乡之日。阿五历经沧桑，归来孑然一身，不久后也辞世，但总算是叶落归根。父亲讲述这个故事的时候，潸然泪下，希望我能记下他们平凡而艰辛的历史。

南洋的生活也并非全是辛酸。"番鬼挈着锡"，也是祖母的一句经典口头禅，用来形容喜出望外的幸运儿。当年在南洋谋生的潮汕人，有的在马来亚等地发现锡矿，合伙经营矿产而成为暴发户，留在潮汕老家的乡亲，用"番鬼"称呼那些过番致富的"自己人"，多少带点嫉妒，然亦心向往之。

在潮汕地区，几乎每家每户都会有一两位或者多位远近亲戚有东南亚生活的背景，有些是常年来往于两地，顺便做些商品买卖。我的外婆的母亲早年就客居曼谷，外婆有生之年去过三次曼谷看望母亲，记得第二次去探亲的时候，她的母亲以及曼谷的亲戚就告诉她可以顺便买一辆摩托车，回程中随行托运到香港卖掉，赚点差价补贴家用，外婆真的照办了。一个没读过书的老人单枪匹马办成了一次国际贸易，多年以后回想起来，还是十分钦佩外婆的勇敢。对她来说，母女邮程远隔，天各一方，但是，一旦真正踏上旅途，所谓出国也就是回趟娘家，南中国海的世界其实也就是里外亲戚的大院子。

陈造说的"听言须画字"，讲述的也许是近海港埠中外杂处的情境，若是远渡南洋，则可能出现异国闻乡音的惊喜。2014 年夏天，我们在新加坡以及马来西亚的新山、马六甲、太平、怡保、槟城等地举办了第 11 届历史人类学高级研修班，探寻了 19 世纪以来华人在马来半岛和海峡殖民地拓殖经营的历史，体会着原乡与侨居地之间传统的播迁，以及复杂的文化相互建构的过程。7月 25 日，我们从马来西亚的巴生港出发，坐渡船前往吉旦岛，我在岛上巧遇了一位和我同乡的先生谢琼利。谢先生说，他爷爷那一辈从老家迁来马来西亚，经过打拼奋斗，现在家境很好，在岛上有很多产业，他自己经营岛上渡口边一家最大的客栈，也是社区的领袖，我对他们的家庭历史非常感兴趣，如果不是渡船时刻所限，真希望能在岛上随他多做访谈，听他分享三代人的历史、情感和日常的岛上生活。

二、岛即是山

　　我的家乡澄海县东部海面，是广东唯一的海岛县份南澳县。该县由南澳岛及周边 33 个岛屿组成，其中主岛约 111 平方千米，在近年南澳大桥通车以前，若要登岛，需要从澄海县沿海的莱芜山下的码头坐一个多小时的渡船才能抵达。遇到台风天气，则所有渡船都中止服务，没来得及返回的访客经常被困岛上。干旱时节，岛上居民也会遇到淡水不足的窘境，这些都是除了令人向往的海岛美食、美景之外不可忽视的地情。

　　南澳岛上有不少名胜古迹，该岛与宋元明清诸多海上战事有着重要的联系。据说陆秀夫在岛上为逃难的宋帝赵昰之弟赵昺修建了行宫，史载明代戚继光、俞大猷曾在此大战海上豪强吴平。吴平逃海之前，将 18 坛黄金埋于岛上，后世寻宝终未得，成为千古之谜。明末郑成功在此招兵，至今南澳总兵府遗址前尚有招兵树一棵。诸此种种，或实或虚，总是耐人寻味。

记得小时候第一次去南澳岛，是由表叔林光带着，去岛上找他的朋友，一起到岛上的云澳深水码头钓鱼。南澳岛的海岸岩质居多，沿岸沙滩零星分散在陡崖之间，当时光叔骑着一辆轻装摩托车登岛，从莱芜码头连人带车上渡船后，我兴奋地冲上顶层甲板看海，渡船离岸加速，破浪前行，越来越深的海水，在阳光照耀下非常明显地从蔚蓝色渐变为翡翠绿，十分迷人。烟波中南澳岛的峰峦也渐次显现，令人心旷神怡。不过，上了岛之后，轻便的摩托车在并不宽敞的环岛公路上行驶，时而爬坡上升，时而下坡带着转弯，这匹没有挡位仅有刹车盘的坐骑就力不从心了，身旁就是悬崖峭壁，不免令人不寒而栗。如今，诸如南澳岛这类近海岛屿，大多已经通了跨海大桥，为人们的出行和货物的运输提供了便利。不过，从观光角度来说，过桥上岛终究还是跟行船近岛的视觉感受不一样，后者常常令人有某种冲动的期待和小小的焦虑。

　　过去十年间，我有幸多次踏访了浙江、福建和广东的岛屿和海滨聚落，或是田野工作，或是实地考察，或是观光游玩，我都饶有兴趣。我所任教的中山大学的珠海校区，隔壁有个村子名叫鸡山，2014 年，我应鸡山村村委的邀请，协助修纂村史。村民一开始就告诉我，鸡山原名鸡拍。我检索了地方史志，发现较早关于鸡山村名的记载出自明代嘉靖二十七年（1548 年）修成的嘉靖《香山县志》。县志所载明代香山县恭常都中的 22 个村中的"鸡拍"，即是鸡山村的旧称。"鸡拍"之得名，据说是因为该村背山面海，坐西朝东，后山奇异多姿，林木苍翠，一眼望去，俨如展翅腾飞之雄鸡。除此之外，鸡山又有旧称曰"鸡柏"，至于变"拍"为"柏"，是岁月经久的传抄讹误，抑或是别有一段来历，就难究其详了。"鸡拍"的名字一直沿用到中华人民共和国成立后才正式改为鸡山。1954年的美国军用地图中，还清晰地用"Chi-pai"标示鸡拍的地名。

村民们对"鸡拍"之形胜，另有一番独到的体悟。他们说，要一睹"鸡拍"之景象，只在陆上四望不可得见，甚至到山巅俯瞰亦复难求，唯有驶离港湾，扬帆出海，在洋面上朝西远眺凤凰山麓，方可一览雄鸡振翅之恢宏。这一番体悟蕴含着一个深刻的历史地理感知，即鸡山先民与海上活动有着不解之缘。

鸡山面朝浩瀚之伶仃洋，背倚巍峨之凤凰山。山泉清溪自西向东绕村而过，村西、北二面往昔分布着连绵的稻田和果园。村东弧形的沙滩连向唐家湾铜鼓角，潮起潮落，构成天然的渔场。民国时期的胡根天在他的《中山港名胜漫谈》中写道：

> 鸡拍村撩动我往游的心，是在我两三次到前湾的鱼市去的路上。鱼市是靠北的，中间隔着一个半

月形延袤七八里的唐家湾上的莽漠的草原，鸡拍村就靠在南边的群山之下。当我在鱼市的路上闲眺着的时候，从那吹荡着海潮的吼声的草原之上，只见南边一带翠屏似的群山之前，堆着一朵绿云似的一座葱茏无比的鸡山。鸡山之下，从那林莽的梢上，便看见一二排静穆得古铜似的村庄的屋瓦，上面还不时地荡漾着几缕轻烟。左边是山崖和海岸，龟蛇二山浮在海中，形状倒毕肖。右边较远一点的是凤凰山，那苍翠崇峻的峰峦，表示出不群的气概。

胡根天特意在其书中附上了一幅《东望鸡拍》素描图，其撰述亦如白描，然足以令人身临其境，感受其当年畅游之情。便是今天，在港湾大道行走之时，也能一览这崎旎的风光。其中的龟蛇二山，至今仍为人们津津乐道。在这样的海湾空间里，腹里之山，沿岸之山，海中之山，在景观上其实都是一体的，只是如今岸线的迁移、滩涂的成陆以及海岸公路的修筑，淡化了这种景观的协调性。

由于教学的需要，从 2009 年到 2016 年，我每一学年都要到珠海校区讲授一门本科基础课。从广州到珠海，高速公路切割着珠江三角洲的老沙田区和新沙田区，一路也会邂逅诸多名字带"岗"字的小土包或小山丘，如马庙岗、班其岗、大粒岗、七星岗、马鞍岗、歪头岗、三石岗等，可以想见，在三角洲成陆之前，这些地方都是海中孤丘，这些地名如同"鸡拍"一样，大都名副其实，对于近海航行的人来说，它们就是形态各异的航标灯。

过去几年间，我还有幸跟着厦门大学的郑振满、张侃等教授的团队在浙闽沿海进行实地考察。张侃教授是温州人，他的团队近年也着力研究浙江宁波、温州、台州地区的社会经济史，我也就经常混进他的队伍参加研讨和考察，收获很大。

在温州沿海，我们考察了瓯江、飞云江和鳌江的江口平原聚落，以及灵昆、洞头（图 2）等近海岛屿，还去了

图 2　温州洞头岛

远离海岸的南麂列岛等岛屿。给我留下较深印象的，还有乐清湾的半岛和岛屿。由于几十年来温州沿海的围垦和填海工程势头十分迅猛（图3），本来就相当浅狭的乐清海湾，许多地方已经完全成陆，三四年前我们走访的西门岛等近海岛屿，很多都已经随着海湾的淤积而并岸。如今，我们在实地探寻这些海湾和岛屿的历史遗迹之时，需要具备一点空间的想象力。

元代乐清县位于温州路与台州路的交界区域。县境西朝北雁荡山地，东临乐清湾，在狭长的沿海平原上，

图3 温州乐清翁垟

有官道沟通温州、台州二路。宋元时期在这条官路上先后设置了土兵寨以及驿站。乐清湾是一片深浅不一的海域，大大小小的岛屿点缀其间，明代方志常将这些小岛列入"山川"的"山"中加以叙述。在人们的观念里，岛即是山，是海中之山。之所以归为山，除了其高阜的形态，更重要的是"海舰皆由此出入"，"海舰皆以为准"，即是说，这些形态奇特、位置险要的海岛，是海船从外海靠岸的参照物。③

乐清湾被乐清沿海平原与楚门半岛、玉环岛及其他大小岛屿所簇拥着，这片海域在明代方志中亦称作"白沙海"。在楚门半岛与玉环岛之间，连接乐清湾与外海的楚门港，亦称作"楚门海"。据永乐《乐清县志》记载：

> 白沙海，出县东南，横亘三百余里。居县之东为白沙、赤水、莆岐……温岭，转至玉环而止；居

县之西为石马、章奥、三屿……至象浦而止。南望海之外则有青屿、倪奥、灵昆，东望海之外则有玉环、鸡笼、洋青、鹿西，横列海旁，历历可数。海居县东，至岐头折而南，波涛崩激汹涌，凡海舰西入郡城，至此必舣舟，谓之"转岐"云。自折叠奥，次黄门，次钱坎，次小鹿，次茅岘，次台州驴洋至台州松门寨。

楚门海，一名楚门港，去县东南一百九十里，港门之外，则海洋无际，海舰由此出入。④

"舣"是停船靠岸的意思，也就是说，基于白沙海的海域环境特质，温州外海来舶常常停靠其海域周边的岛屿及沿海港口，进而开始转运，所谓"转岐"，描述的大概就是这种海域交通的特质，这种特质使得白沙海亦即乐清湾及其周边海岛，成为海上人群活动相当活跃的一个区域。

2015 年，我前往美国耶鲁大学麦克米兰中心访问一年，在人类学系萧凤霞（Helen F. Siu）教授指导下学习和研究。耶鲁大学有一个世界闻名的艺术馆，其东亚部馆藏蔚为大观。我在参观东南亚文化展厅时，突然被一件出土于越南北部东山地区，年代约为公元前 300 年至公元前 100 年的青铜提桶完全吸引过去，因为它的形制特别是桶面浮雕，与我熟悉的广州西汉南越王墓出土的青铜提桶几乎完全一样，浮雕的主题大概是海上作战凯旋，在船上执行对战俘的砍头仪式（图 4）。

惊讶之余，仔细一想也并不稀奇。因为广州到越南其实并不遥远，中、越今天是两个国家，但历史上都是南中国海周边密切相连的地区，具有非常活跃的文化交流。许多海上的故事、海上的知识，其实都值得我们做历史研究的人去搜集和解读。

图 4 左上为美国耶鲁大学艺术馆藏越南东山出土青铜提桶(公元前 300—前 100 年),右上为广州西汉南越王墓出土青铜提桶,下为南越王墓出土青铜提桶纹饰拓本船纹拓片

以上三幅图片来源分别为:美国耶鲁大学艺术馆藏;广州市文物管理委员会、中国社会科学院考古研究所、广东省博物馆编:《西汉南越王墓》,铜提桶 I(B59),彩版 24,图版 18,北京,文物出版社,1991。

耶鲁大学斯特林纪念图书馆（Sterling Memorial Library）地图部藏有一册闻名遐迩的清代航海地图集，李弘祺、陈国栋、钱江、陈佳荣等学者都曾对此做过研究。⑤2015年8月5日，我在斯特林纪念图书馆地图部有幸翻阅了这部地图集的原件。该图册为1841年英国"皇家先驱者号"（H. M. S. Herald）战舰上的菲利普·米斯（Philip Mease）从一艘载重量为400～500吨的中国商船上掠走的物品。当时这艘中国商船正从中国北直隶海湾航行前往新加坡海峡，"皇家先驱者号"将这艘中国商船作为战利品扣押了下来。地图上描摹了不同的海岬和岛屿，也标示了更路和针经航向。根据钱江、陈佳荣的研究，该图册收绘的122幅地图涵盖地域除中国东、南海岸外，还包括了东洋的日本、朝鲜（间及菲律宾），以及原属西洋而在清代已称南洋的越南、柬埔寨和暹罗，其航程至暹罗湾为止，可谓清代"暹罗湾—中国东海、南海—长崎"航线弥足珍贵的专用航海图。

对于今天的普通人来说，长时间长距离的航海经历仍然比较难得，要体验非机械动力时代的航船之旅，更加是难上加难。在我们方方面面都依赖于GPS定位和导航、快捷地享受物联网和高速带宽、无暇仰望满天星斗的时代，通过阅读和体会这样古朴的手绘地图，我们得以踏上一艘穿越历史的小船，穿行于东南洋面，或近观，或远眺，但总与彼岸相隔不远。

对于先民们来说，近海航行的基础坐标就是这些形态各异的海岛山，这就是他们的"GPS"，由这样一串近海岛链所联结的一条条航路，共同织造了东亚季风贸易的海上网络。季风吹拂，罗盘在手，图册随身，经验老到的船长掌握着海洋的脉搏。图册中这些海岛山形的丰富标识，不太可能是一蹴而就的航海记录，更可能源于代代相承、口耳相传的相当长时间的知识积累，它的作者们，有的成功，有的失败，可能发家，也可能落草，但关于海洋航行的地理知识是共通的。图5

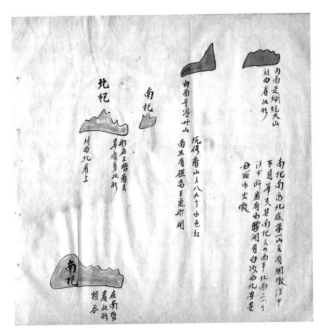

图 5 《清代东南洋航海图》书影

图片来源：美国耶鲁大学斯特林纪念图书馆藏

描绘的范围是今天的温州海域，上面的文字不多，反映了在这一海域航行最重要的注意事项，譬如南杞岛的标示是：

南杞南高北底[低]，第一山头有烟墩，洋中不见峰尖。其南杞头四面平，北面三四个，洋中断看有水腰，开有白沙，西北安甚好取水，大墩。⑥

在依靠自然风航行的年代，没有自来水供应，有淡水资源的海岛就是海上人的绿洲。岛即是山，但求平安，风流水势，千帆百舸。陈国栋将图册命名为"山形水势图"，考虑更多的大概是这种出自海洋视角的人地关系吧。

南杞岛现称南麂列岛，距离温州鳌江港 30 海里，我曾于 2013 年 6 月 13 日随张侃教授的团队以及一直参与我们课题考察的温州文史专家张卫中先生一同登岛。当天刮着 8 级大风，我们到达飞云江口的瑞安港码头时，船家还在犹豫是否发船，因为按规定超过 9 级风就不能开船。若是不能成行，我们接下来的几天的考察行程也受到很大影响，但天气不佳，也只能望洋兴叹。在码头等了半小时，天气预报没有显示风力提升，港务公司也没有通知关闭码头，虽然风浪依然很大，但船长挺有自信，广播通知旅客们上船，大家一阵欣喜，但也不无担忧，果然，船行十几分钟，海浪渐大，我们这艘吃水不深的"飞云一号"快艇，时而上下左右剧烈摇晃，时而被浪尖高高顶起船头，又重重地摔进浪里，窗户不断被海水打湿，从船舱往外看，一片灰黑，完全模糊，仿佛已经沉到海底，惊恐之余，团队里的大多数人已经呕吐得一塌糊涂，只剩下张侃教授、张卫中先生、硕士生杨锐彬和我四人依然坚持，当时我们都自嘲为海盗的后代，经得起风浪。

船行半个多小时，风浪逐渐平歇，窗外一望无际，隐约看到一些孤屿，海水则是一片灰黑色。记得传世文献中，元朝人曾把黄海的一些海域称作黑水洋，当时读了没有感觉，如今大略可以领会，大洋深邃之处，有时既不是碧绿色，也不是蔚蓝色，而是令人叹息乃至窒息

图6 温州平阳南麂岛

的灰黑色。经过差不多两小时的航行，我们终于安全抵达南麂列岛的主岛（图6）。

南麂列岛由大小52个岛屿及礁岩组成，景色十分迷人。据说明朝万历年间，朝廷曾在南麂设副总兵，加强海上防卫。我们在岛上采访了一位船老大，他给我们讲述了很多有趣的故事。比如，岛上有一座"国姓庙"，据说是因为"国姓爷"郑成功曾驻军于此，训练水师，培训那些从闽粤沿海抓上船却还不习水性的壮丁。船老大接着又把历史拉回了近代，话说抗日战争后期，日本的战舰两次途经南麂列岛，将岛上的人全部抓去当壮丁。后来，浙南国民党残部退守南麂列岛，1955年继大陈岛撤退后，岛上的居民又被抓去当壮丁，挟往台湾，谈到这一段段悲壮的遣徙故事，船老大唏嘘不已。当时风浪渐渐停歇，但风力仍然很大，我们跟着船老大翻越岛上一个个山坡听他口述历史，衣服已几乎全被打湿，更能体会那段风雨飘摇的历史往事。

南麂岛的一天一夜，给我留下了很深的印象。当晚我们入住的旅馆，据说规模已经算岛上最大的，当天入住者寥寥无几，十分冷清。柜台工作人员说，岛上旅游旺季一般要到7月才开始，持续到9月，承包岛上几个旅馆的主人，每年一般都是6月过来做些修缮以及粉刷工作，然后雇工经营三四个月，一年的收益也就算收齐了，然后就放空旅馆，回到陆上去做其他生意，来年再说，可以说是彻底的季节性生计。由于岛上供电不足，旅馆内的空调基本不通电，但晚上睡觉倒也凉爽，只是感觉到处都非常潮湿，像我们这些外来游客需要好几小时去适应。当晚夜深之时，万籁俱寂，海浪声也几乎听不到了，想着历史上岛屿的这种季节迁徙和物质生活，颇值得玩味。

三、山海之间

如今每一年的休渔期和开渔期早已成为沿海渔村的重要时间表，我国自1995年开始，在东海、黄海、渤海海域实行了全面的伏季休渔制度。休渔制度意义重大，譬如东海通过几年的休渔，有效地保护了以带鱼为主的主要海洋经济鱼类。1999年以后，南海海域也开始实施伏季休渔制度。每年夏季，经过两个月的休渔，开渔成为渔民非常隆重的节庆，许多地方的文化部门和社区都会举行一系列别开生面的开渔节活动，吸引外地游客。

对于普通渔民来说，开渔前需要做大量重要的准备工作。2014年9月上旬，我恰好在宁波象山开渔节前夕踏访石浦镇东门渔村（图7），在渔业社区码头，我看到了很多男性渔民正在检修渔船、整理渔具，港口周围的围墙和电线杆上喷涂着"写船号""船舶买卖中介""冲钢丝""吊车叉车""脚手架出租"等各色广告，各种"无抵押信用贷款"的广告也非常醒目。出海捕鱼常常是投资不菲、风险不小的冒险事业，器械、工具、资本以及劳动力是渔业社区非常重要的经济要素。石浦镇的信用社还在公路上专门立了一大块广告牌，上书"石浦信用社是渔民自己的银行"。

海岛渔业社区的性别问题也挺有意思。一般情况下，出海捕鱼的都是男性渔民，没有出外务工的妻子留守家中照顾家小，丈夫出外打鱼，女人们闲暇之时会聚在一起消遣娱乐，海岛上的一些寺庙宫观常常成为她们的聚会场所，她们一起织毛衣、做手工活，也一起打打

图 7　宁波象山东门渔村(图中电话号码已做技术处理)

牌，一起烧香供奉，诵经念佛，保佑家人出海平安，生意兴隆。所以，我们在海岛庙宇中采访，经常可以听到女性的声音，也常常得以从更多的角度思考渔民社会结构和人群组织的特点。

一些岛屿与陆地之间，在较早的时候就有固定航线，如乐清湾的白沙海渡，明代以前就设有官船，从乐清县东摆渡往返玉环岛南社，距离120里，往返玉环北社，距离150里。⑦玉环岛是乐清湾东侧最大的一个海岛，至今亦是浙江省第二大岛，面积169.51平方千米，北临楚门半岛。据宋代温州永嘉人叶适的记载，朝廷在玉环岛上设置了天富北监盐场，居民千余家，"坊巷绳引，闾伍鳞次"⑧。元人陈高在其《重建灵山寿圣寺记》中称，玉环岛上"山隈多平地，居其隈者，凡数千家。有佛氏宫八所，而灵山寿圣寺为之冠"。他还提到，元代以前寺院僧人主持了玉环岛的海塘修筑，使岛上聚落免于海潮之害，亦有裨于农作。⑨

并不是所有的海岛都适合种植作物，粮食经常需要从岛外输入，诸如燃料、火药等日用物资，也需要补给。然而，管辖海岛的王朝政府经常限制燃料在海岛上的使用，原因是夜间点火容易招惹海盗侵扰。诸如玉环岛之类的一些海岛，从宋代开始就有制海盐的传统，制盐大体可以通过晒和煎两种方式，由于种种原因，节省成本、便于分散生产的晒盐法在 18 世纪以前常常得不到官方的支持和普及，煎盐法被较多地使用，但在官方看来，海岛煎盐同样面临着火光惹盗的风险。盐是国家的专卖产品，生产和运销需要严格管控。岛上制盐，稍不注意，就会被贩者卖作私盐。再者，渔民的日常作业中需要大量的食盐用以保鲜，这类用于生产的"渔盐"亦可能被卖作私盐，其管控也经常令官方非常头疼。上述现象的存在都会成为一些官员反对海岛垦殖、主张迁弃海岛的理由。他们还认为铁质工具也要限制，担心铁材被海盗加工成兵器。诸此种种，对于官方来说，整个海岛的日常生活里面，经常充斥着不确定性和各种危险。

康熙年间，舟山群岛新设定海县，知县缪燧抵任后就发现了海上局面的复杂：

> 今海洋行驶，有远贩外夷之洋船，有自闽、广、江、浙以迄辽阳贸易，暨自闽至宁波、乍浦装载杉木之商船，有渔汛网捕之渔船，有采拾淡菜、紫菜，钓捕鱼虾之淡船及出海樵采□网各色之小船。其船大小不同，奸良混杂……春夏渔汛之期，温台之南洋、定境之北洋，闽人驾舟网捕黄鱼者不下千计……⑩

大黄鱼也称石首鱼，为暖温性近海集群洄游鱼类，主要栖息于 80 米以内的沿岸和近海水域的中下层。所谓"石首"，是因为这类鱼"首有二枕骨，在脑户中，其坚如石,故名。冬月者佳,名报春;三月者,名鰽;八月者次之,名桂;石首至四五月者,名黄鱼。出北洋。每至夏初,渔人竞集网捕,谓之渔市,凡三汛。五月中,方散。醃之,曝晒,曰白鲞。鳔可胶弓"⑪。春季,东南地区沿岸水温增高,鱼群从越冬场游向沿岸河口附近的浅海区繁殖。东海北部、中部群的越冬海区一是江外、舟外越冬场,二是浙闽近海越冬场,三是大沙和沙外越冬场。亲鱼于四月中下旬结成大群,从深水越冬区向西洄游进入吕泗洋、岱衢洋、大戢洋等产卵场,这几个产卵场都是渔民们在舟山渔场重要的作业海域。定海知县缪燧的故乡是长江出海口的江阴县(今江苏省江阴市),对大江大河应不陌生,然而春夏间东海大黄鱼渔汛之盛况,似乎也令他颇感震撼。

从明清时期一直到 20 世纪 50 年代,闽浙沿海的渔民都流行用一种"敲罟"的作业方式捕大黄鱼。敲罟作业是一种利用声学原理的渔法,一般是中间两艘大渔船

（俗称罟公、罟母）张好网，再用二三十条小船在大船前围成半圆圈，人们称两艘大船和数十条小船的一个组合为一艚。一艚之中，每艘小船三人，其中一人摇橹，另外两人敲打竹板或绑在船帮上的竹杠，发出巨大的合音，声波传入海中，引起黄鱼的耳石共振，导致其昏迷死亡，船队渐渐合拢，将昏死的鱼群赶入大船张开的网中，一网打尽。虽然这种渔法产量极高，但是大鱼小鱼一起脑震荡，容易造成灭绝性捕捞。1958年浙江省委通告停止敲罟作业。然而在1960年饥荒之时，敲罟作业又复苏了，导致1963年国务院下达《关于禁止敲罟的命令》。"文化大革命"期间，又开始了第三次敲罟作业，至1975年初终止。此时，野生大黄鱼已所剩无几，到了20世纪80年代后期几乎就绝迹了。

可以想象，在明清时期，渔汛敲罟作业必定是千帆齐发，百舸争流，船只大量聚集，需要控制航线，掌握技术，共同协作，特殊时期甚至需要一定的武装保护。

海上生活、海岛社会的组织形态，很多时候与这类日常的生产、生活状态有着密切联系。

对于官府来说，管理海上人群的有效办法是对船只进行登记和编制，定海知县缪燧就曾主张：

> 闻前朝定例，粤船不过闽，闽船不过浙，而两广督宪亦有福建渔船不许过广之条议。现在遵行，倘能循例严禁，则奸窦自塞。但闽人以渔为生，不便遽绝其业，则当就联艐之法更加详慎焉。请饬渔船来浙采捕者，统令于本州县明船户、水手，严加查察，取具里邻亲保结、同行互结，挨次编号于牌照之外，另统结一单，俾一邑之船汇成一帮，营汛照商船例伴送交替。捕鱼之所划，则听四散网捕，夜必傍汛歇宿。渔汛一毕，即押合帮同返，无许逗留。[12]

相对于海上的百舸千帆、奸良混杂，陆地上的编民管理更令官府放心，然而比较麻烦的是，山海之间人群的交错流动，远远超出许多官员的想象。陈春声在关于明代广东潮州海防的研究中提到，明代建立沿海卫所的目的，当然是对付倭寇和海盗，但"海盗"不一定来自海上，他曾介绍了戴璟《广东通志稿》中提到的两个比较极端的例子。饶隆和周三都被明朝官府称为"海寇"，有意思的是，饶隆起事的海阳县三饶位于崇山峻岭之中，距海岸线百里以上，周三起事的安远县则地处闽、粤、赣三省交界，属江西省管辖，比其后来骚扰的程乡县更处于内陆。陈春声认为，明代潮州地方一直"山贼""海盗"难分，这不仅是因为这些被称为"盗贼"者活动范围广泛，常常流窜于山海之间，而且在沿海百姓和士绅看来是"山"的地方，在朝廷和官府高层看来或许仍属于"海"，正因如此，海防问题对于不同的人可能有不同的意义。⑬地方官府对盗贼往往采取"招抚"的做法，在沿海地区指定适当地点"安插"这些"抚民"，使之成为王朝的"编户齐民"。这就意味着成千上万没有解除武装的有组织的"海盗""山贼"上岸或下山定居，他们进入正在迅速开垦、地方社会秩序开始形成的韩江三角洲，势必与当地社会产生严重的矛盾与冲突。这是一个极为艰难、充满矛盾的过程，安插者希望这个过程能使被安插者成为"抚民"，但并无足够的政治、军事和经济资源使被安插者心甘情愿地这样做，结果，就出现了许多"抚民"继续为盗，成为"抚贼"的情况。地方文献中将受抚的"盗贼"称为"抚贼"或"抚盗"的记载很多。⑭一部分没有接受朝廷招抚的"海盗"或"山贼"，则迈向了南中国海更辽远的地域。钱穆在《国史大纲》中就对这批闽粤早期"殖民者"描述如下：

> 明代海上交通日盛，而我民之货殖海外，立家室、长子孙者乃日众。……明之声威既远届南海诸

国，亦会闽、广商民，能自殖其势力于海外，如南海人梁道明王据三佛齐，陈祖义亦为旧港头目。【其后闽人某亦据婆罗国而王之，皆见《明史》。又梁启超《中国八大殖民伟人传》尚举广东人张涟王三佛齐，广东人某王爪哇顺塔国，潮州人郑昭王暹罗，嘉应人吴元盛王戴燕，嘉应人罗大王昆甸。又嘉应人叶莱，为今英属海峡殖民地之开辟者。】风生势长，不徒朝廷一使之力也。⑮

　　2016年11月底，我前往菲律宾马尼拉参加第五届地理信息系统支持下的亚洲历史网络研究年会（ANGIS，2016），会议期间参观了位于帕西格（Pasig）河畔所谓旧马尼拉城中之城的西班牙王城（Intramuros）。二战时期，这座王城被摧毁，目前只剩下圣·奥古斯丁教堂、马尼拉大教堂、圣地亚哥古堡、市政厅的一些建筑遗存。置身于斑驳的城墙和残存的基址，我想象着马尼拉大帆船

(The Manila Galleon)贸易时代的历史场景。在圣地亚哥古堡(Fort Santiago)门口，一个英文的简介铭牌(图8)吸引了我，上面写着：

Fort Santiago

One of the oldest fortifications in Manila. Built in 1571，on the site of the native settlement of Raja Soliman. First fort was a palisaded structure of logs and earth. Destroyed in the Limahong attack in 1574. Stone fort built between 1589 and 1592. ...

出于好奇，我用手机搜索了 Limahong 这个奇怪的词，结果恍然大悟，原来就是大名鼎鼎的明代海盗林阿凤。林阿凤，又名林凤，西方人的记载为 Limahong 或者 LimoHhong，有的也记为 Dim-mhon，也曾被译作李马奔、李马洪、李马芳、李阿旺。林阿凤是大海盗吴平

FORT SANTIAGO

One of the oldest fortifications in Manila. Built in 1571, on the site of the native settlement of Raja Soliman. First fort was a palisaded structure of logs and earth. Destroyed in the Limahong attack in 1574. Stone fort built between 1589 and 1592. Damaged in the 1645 earthquake. Repaired and strengthened from 1658 to 1663. Became the headquarters of the British occupation army from 1762 to 1764. Repaired and renovated in 1778.

Former headquarters of the Philippine Division of the U.S. Army. Occupied by the Japanese military in 1942 where hundreds of civilians and guerillas were imprisoned, tortured and executed. Destroyed in the Battle of Manila in 1945.

Used as depot of the U.S. Transportation Corps before turnover to the Philippine Government in 1946. Declared Shrine of Freedom in 1950. Restoration and maintenance of the fort began in 1951 under the National Park Development Committee. Management was turned over to the Intramuros Administration in 1992.

图 8　菲律宾马尼拉西班牙王城圣地亚哥古堡简介铭牌

的侄婿，生于广东潮州府饶平县，19 岁就参加了海上绿林泰老翁的队伍，后继其业，以澎湖为基地，开拓海上贸易，最盛时辖舰 300 余艘，人员 4 万以上。隆庆元年(1567 年)率部攻占惠来县神泉港。万历元年(1573 年)屯踞南澳岛的钱澳，十二月进攻澄海，大败官兵。二年攻打潮州、惠来、清澜(今海南省文昌市)，六月在广东兵败，退至福建沿海，十月遭福建总兵胡守仁官军袭击，转移到魍洪(台湾)的鸡笼(基隆)驻扎。十一月先后进攻潮阳踏头埠(今汕头市濠江区)、饶平县柘林、惠来县靖海、陆丰县(今陆丰市)碣石等广东沿海港埠。于是，明朝集中水陆主力围剿林阿凤。林阿凤以南澳岛为根据地，与明军相持不下，后曾修书议和求抚，广东总兵殷正茂不予接纳。为避官兵进剿，林阿凤率战舰 62 艘，5 500 余人，扬帆向吕宋进发。当月二十九日抵达马尼拉湾的马里斯。林阿凤首次进攻马尼拉获胜，击毙西班牙驻菲律宾总指挥戈伊第(Martin de Goiti)。后在邦阿西楠省(Pangasinan)的林加延湾(Lingayen)建立都城,自称国王。原来让西班牙人吃败仗,不得不修建这座雄伟堡垒的劲敌,就是林阿凤。

在马尼拉"邂逅"林阿凤,令我对明中后期闽粤人在南中国海的大范围航行及其对世界历史产生的重要影响加深了直观认识。林阿凤的故事中,除了各种战事,还有不少有意思的细节。譬如,万历二年(1574 年)林阿凤的 62 战舰的统帅,是日本人庄公(Siocos),舰队到达伊罗科斯(Ilocos)时遇到一艘西班牙小舟,林阿凤就命令手下的兵士抢夺小舟,但是被驻守在当地的西班牙人发现,迅速地报告给了维甘(Vigan,又译美岸)的军官撒施洛(Juan Salceds),撒施洛立刻派三个土著前往马尼拉示警,但是土著在中途被林阿凤的手下截获了。林阿凤趁机进攻维甘,撒施洛带领军人 50 名逃跑。林阿凤乘胜追击,前往马尼拉港口马里韦莱斯(Mariveles)。黄昏时,林阿凤命庄公带领 600 人乘小船前往进攻马尼拉,中途遇到了暴风雨，有 200 多人由于小船倾覆溺水而死，但其余人仍旧在庄公的带领下潜至马尼拉以南 8 英里(约合 12.9 千米)的帕拉纳克(Paranaque)登陆，第二天凌晨到达马尼拉。军官戈伊第驻防城外，匆促之间毫无准备，很快被击败，庄公夺了他的地盘，戈伊第亦战死。林阿凤第一次进攻完成以后，菲律宾的土著(摩洛人)以为中国人取得了胜利，于是迅速在马尼拉附近集结了近万人，开始对西班牙人有所动作。

从这些细节来看，在西班牙人到来之前，闽粤人早已在菲律宾周边海域和沿海熟练地航行，对当地土著也十分了解，当地土著亦早已熟识闽粤人的实力。根据博克舍(C. R. Boxer)整理的《十六世纪中国南部行纪》的相关记载⑯，包乐史(Leonard Blussé)曾指出，16 世纪后半期，随着月港的开禁，越来越多的海盗在南中国海地区活动，明政府准许私人海外贸易船只经报关后，自月港南下航行到南中国海的东西沿岸与海岛地区(西洋与东洋），但条件非常苛刻。像林阿凤这样的海盗商人，或多或少与葡萄牙人和西班牙冒险家们在此海域保持着密切联系。⑰

后来我还前往马尼拉的菲华历史博物馆参观，馆里的常设展名为"Museum of Chinese in Philippine Life"，展示了中菲早期频繁的帆船贸易，人们用黄蜡、棉花、珍珠、龟壳、槟榔子，与中国交换瓷器、黄金、色玻璃珠、陶器、布、装饰品和铁针。我猜想，从事这些贸易的人，应该就是像林阿凤一样的闽粤人，像庄公一样的日本人，以及菲律宾群岛形形色色的航海者吧。他们游走于山海之间，竞逐于风涛之中，把不同地域的物资和人群联结成网。大帆船时代的贸易，又把中国的帆船贸易同墨西哥阿卡普尔科（Acapulco）及欧洲的其他地方联系了起来。

嘉靖年间在浙江抗倭的王忬在《条处海防事宜仰祈速赐施行疏》中曾这样写道：

臣访得番徒、海寇往来行劫，须乘风候。南风汛，则由广而闽、而浙、而直达江洋；北风汛，则由浙而闽、而广，而或趋番国。在广则东莞、涵头、浪北、麻蚁屿以至潮州之南澳；在闽则走马溪、古雷、大担、旧浯屿、海门、浯州、金门、崇武、湄州、旧南日、海坛、慈澳、官塘、白犬、北茭、三沙、吕磕、嵛山、官澳；在浙则东洛、南麂、凤凰、泥澳、大小门、东西二担、九山、双屿、大麦坑、烈港、沥标、两头洞、金塘、普陀，以至苏松丁兴、马迹等处；皆贼巢也。⑱

王忬所标示的这一串粤、闽、浙的近海岛屿，在明清海外贸易与文化交流中一直扮演着重要角色。据《明实录》记载，明中后期闽、粤、三吴之人长期与"倭岛"往来通婚，"数千百家之宗族姻识潜与之通"，"唐船"往来于"唐市"，官兵不得过问。⑲成书于明中期的《十六世纪中国南部行纪》和《远游记》⑳等域外文献，也显示葡萄牙人在浙东沿海有较大规模的贸易活动。王忬所提及的双屿、烈港等岛屿，曾被西人记载，关于其位置以及葡人据点的规模，学界一直有争论㉑。不过，此期东亚海上贸易之盛况则毋庸置疑，而浙、闽、粤沿海的岛屿，就是连接东南中国与东亚海域的重要贸易纽带。陈国栋曾在研究中强调，18世纪末以前亚洲人所经营的亚洲内部跨国贸易、沿海贸易以及岛际贸易具有非常的历史意义。㉒

与陆地相比，关于海岛社会的传世文献和官方记载相对不足，为此，我们需要从各种零碎的、分散的文本和记忆中，去追寻那些动态的、断续的事件，从而理解这一岛链的社会过程，尝试串起东南沿海社会的历史之链。

注 释

① （宋）陈造：《江湖长翁集》卷十八，31a 页，明万历刻本。

② （宋）陈造：《江湖长翁集》卷十一，14a 页，明万历刻本。

③ 可参永乐《乐清县志》卷二《山川·山》窑奥山，大、小乌山，苔山，大、小青山，南岸山，东、西门山，大、小竹冈山，楚门山诸条，见《天一阁藏明代方志选刊》第 20 册，3b、9a～10a 页，上海，上海古籍书店，1964。

④ 永乐《乐清县志》卷二《海》，见《天一阁藏明代方志选刊》第 20 册，27b～28a 页，上海，上海古籍书店，1964。

⑤ 相关成果如李弘祺：《美国耶鲁大学图书馆珍藏的古中国航海图》，载《中国史研究动态》，1997(8)；陈国栋：《古航海家的"近场地图"——山形水势图浅说》，载《台湾"中央研究院"周报》，2007(1138)；钱江、陈佳荣：《牛津藏〈明代东西洋航海图〉姐妹作——耶鲁〈清代东南洋航海图〉推介》，载《海交史研究》，2013(2)。其他学者成果恕不赘列。

⑥ 该图册所有图幅及录文参见前述钱江、陈佳荣《牛津藏〈明代东西洋航海图〉姐妹作——耶鲁藏〈清代东南洋航海图〉推介》一文附录。

⑦ 永乐《乐清县志》卷六《津渡》，见《天一阁藏明代方志选刊》第 20 册，33b 页，上海，上海古籍书店，1964。

⑧ （宋）叶适著，刘公纯等点校：《叶适集·水心文集》卷二十一《宜人郑氏墓志铭》，401 页，北京，中华书局，1961。

⑨ （元）陈高：《不系舟渔集》卷十二《重建灵山寿圣寺记》，24a～25a 页，民国十七年《敬乡楼丛书》铅印本。

⑩ 康熙《定海县志》卷三《海防·沿海弭盗末议》，99 页，2006 年舟山市档案局馆整理本。

⑪ 康熙《定海县志》卷六《物产·鱼之属》，276 页，2006 年舟山市档案局馆整理本。

⑫ 康熙《定海县志》卷三《海防·沿海弭盗末议》，101 页，2006 年舟

山市档案局馆整理本。

⑬　陈春声：《明代前期潮州海防及其历史影响(下)》，载《中山大学学报(社会科学版)》，2007(3)。

⑭　参见陈春声：《从"倭乱"到"迁海"——明末清初潮州地方动乱与乡村社会变迁》，见朱诚如、王天有主编：《明清论丛》第 2 辑，73～106 页，北京，紫禁城出版社，2001。

⑮　钱穆：《国史大纲》，743 页，北京，商务印书馆，1991。

⑯　[英]博克舍编注，何高济译：《十六世纪中国南部行纪》，21～23 页，北京，中华书局，1990。

⑰　[荷]包乐史：《中国梦魇———一次撤退，两次战败》，见刘序枫主编：《中国海洋发展史论文集》第 9 辑，145 页，台北，"中央研究院"人文社会科学研究中心、海洋史研究专题中心，2005。

⑱　(明)王忬：《条处海防事宜仰祈速赐施行疏》，见(明)陈子龙等选辑：《明经世文编》卷二百八十三《王司马奏疏》，2995～2996 页，北京，中华书局，1962。

⑲　《明熹宗实录》卷五十八，2661 页，台北，"中央研究院"历史语言研究所，1962。

⑳　[葡]费尔南·门德斯·平托著，金国平译：《远游记》，澳门，葡萄牙航海大发现事业纪念澳门地区委员会、澳门基金会、澳门文化司署、东方葡萄牙学会，1999。

㉑　参见龚缨晏、杨靖：《近年来 Liampo、双屿研究述评》，载《中国史研究动态》，2004(4)。

㉒　参见陈国栋：《东亚海域一千年：历史上的海洋中国与对外贸易》，19～26 页，济南，山东画报出版社，2006。

舟　山

　　隆武即位，斌卿得附劝进，上言："舟山为海外巨镇，番舶往来，饶鱼盐之利。西连越郡，北绰长江，此进取之地也。"上善之。封为肃虏伯，赐剑印，率兵屯舟山，得便宜行事……六月，浙东事败，富平将军张名振扈监国鲁王出海，投舟山，斌卿不纳。然名振故与斌卿为儿女姻，其兵势相倚藉。宁国王之仁子鸣谦至舟山，斌卿诱击之，尽并其众……丁亥六月，斌卿又杀忠威伯贺君尧，劫其资。君尧帅温州，尝贼杀礼部尚书顾锡畴，为众论所不与。温败，入闽，复至温之玉环山，收其渔税，挟重赀入舟山……斌卿既返，甚悔其一出，刻意为保聚之计：限民年十五以上即充乡兵；男子死，妻不得守制，田即入官；年六十无子者，收其田产，别给口食。初，舟山田土大半属之内地大户，至是不敢渡海，尽籍为官田，官居其二，民居其一。斌卿之意，并欲收其一份，如土司之法，为不侵不叛之岛夷而已。……

——（明）黄宗羲《舟山兴废》

图 9　浙江舟山

康熙五十五年(1716年)春,浙江定海县士民留葬县令缪燧衣冠冢的事件引人瞩目。定海县是康熙二十五年(1686年)舟山群岛展复后设立的新县。江阴人缪燧于康熙三十四年(1695年)调任定海知县,他多行善政,备受爱戴。康熙五十五年三月,黄灏等人得知缪燧病逝于宁波镇海,组织了数百人去镇海县署阻截灵柩,并集合59人联名上书,吁请留葬定海,声势浩大。宁波府、宁台道乃至浙江藩司、抚院均作批示,支持留葬以顺民心。缪燧之子缪民垣则认为黄灏等人"用情过甚,不顾人子之安",坚持将其父遗骸送归故里,并马上发表。各方意见不一,后由定海儒学教谕钱廷祯、训导程世凯从中调和,促成了"遗骸归葬故里,定海留葬衣冠"的折中方案。①缪公遗爱，士民情真，可歌可泣，只是阻截灵柩、联名上书的行为方式尽显示威之势，令官府承受不少压力，以致一些官员在批复文书中略有微词。

在留葬事件发生的十几年前，定海县亦已闻名遐迩。早因康熙二十三年（1684年）开海禁，次年设江、浙、闽、粤四海关，时舟山未展复，浙海关驻宁波，外来商船以宁波海口潮急，有所不便，舟山设县8年后，始有移关舟山以便海舶之议。由于朝廷担心宁波府城贸易受损，此议未获批准。康熙三十七年（1698年），定海县终于获准设立"红毛馆"，成为宁波府城浙海关管辖下的重要口岸税关，额设货税银一万两，宁波府城之廛市则仍听贸易。康熙三十九年（1700年）夏，先后有4艘"红毛夹船"来到舟山贸易，船主分别称作"未氏罗氏""未里氏""庐咖唎"和"飞立氏"，一时传为盛事。②此后商舶渐多，定海与宁波还一度因关税利益产生过纠纷。浙海关以及舟山"红毛馆"设立的消息，也很快传至西洋，

1703年英国桑顿(Thornton)公司出版的航海地图已清楚标明了宁波和舟山的地名，并标示了舟山岛的兵营、航路水深、附近各小岛的名称，甚至金塘岛乃被贬官员居所等细节亦有所标注(图10)。

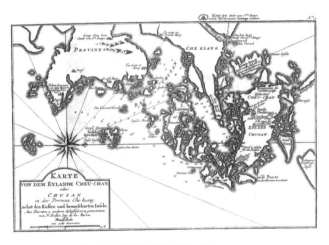

图10　1758年莱比锡出版的桑顿地图德文版

舟山群岛中最大的岛屿是舟山本岛，本岛西面的金塘岛，北面的岱山岛、秀山岛、衢山岛，东南面的朱家尖、桃花岛，是群岛中面积较大的几个岛屿。仅以地理位置论，舟山群岛对于东亚海域贸易、交通的区位重要性是显而易见的。不过，考察舟山的政区沿革可以发现，历代王朝并未因为这种区位重要性而建立持久稳固的行政建制或军政建制。与其他东南近海岛屿一样，舟山自政区始设之后，其建置便兴废无常。唐代在此置翁州县，宋代析入鄞县三乡立昌国县，元代升昌国州③；明洪武二年（1369年）复为昌国县，十七年（1384年）改作昌国卫于象山县，后舟山置二所，二十五年（1392年）改隶定海卫，永乐七年（1409年）立水寨。此后长期处于半荒弃状态，成为"倭窟贼巢"。葡萄牙人在16世纪控制了群岛间的双屿、沥港等处从事贸易。明亡以后，舟山成为南明政权的重要据点。顺治八年（1651年）清军杀入舟山，十二年（1655年）又迁遣，至康熙二十五年（1686年）展复设县，初名"定海山"，后作"定海"，同时将对岸大陆的旧定海县改为"镇海"，与新的定海县同隶属于宁波府。④

若回溯明代弃防、南明战事、清初屠城迁遣的历程，便可知清廷的"迁界令"针对的是盘踞在东南海岛的敌对势力。在这一意义上，海岛的弃守早于陆地的迁界，甚至可认为后者是前者的必然结果，在陆地迁界之前，大部分海岛早已撤防迁界，不存在所谓"清初海岛迁界"的问题。

　　清初东南沿海的迁界及复界，是明清史学界长期关注的课题，近年来不少成果着重讨论了东南沿海自明代倭乱至清初迁界以来，地方社会的变迁机制和区域语境，从多种角度关注了东南岛屿在迁、复界过程中的社会情形。⑤关于海岛的迁界与复界问题，则仍有进一步探究的空间。首先，在迁弃与展复的历程中，海岛与陆地沿海地区既有联系也有差异，前辈学者关于迁界令的实施及南明活动的考证，为理解上述差异及其历史脉络提供了重要基础⑥；其次，清代展复后的文献对海岛迁界之积弊着墨不少，可为我们追述明代海岛人群及其活动提供历史镜像；最后，康熙年间开始的复界在海岛与陆地一并展开，海岛社会秩序的重建与地方行政、赋役体制以及军事制度的改革息息相关。本章围绕清初舟山群岛的展复，对以上问题试做分析。

一、方国珍与汤和

元朝夺下江南财富重地之后，招抚了朱清、张瑄等岛寇势力，开创了海上漕运。朱、张拜官受禄，操纵海贸，后因树大招风在大德年间被诛，然而海漕体制并未废止，两浙海运豪户先后崛起。元末张士诚、方国珍、陈友定等军功漕户雄踞一方的"失控"局面，即与此相关。海上漕运也对元明之际东南的军事格局及社会经济造成了重大影响。⑦在海漕体制中，宁波沿海及海岛具有战略重要性，舟山所在的昌国州"东控日本，北接登莱，南亘瓯闽，西通吴会……至元十五年二月，朝廷谓海道险要，升县为州，以重其任"⑧。经过大德、至大时期的调整，两浙的海漕建置有了改变，皇庆元年(1312年)，浙东庆元路、绍兴路的漕粮不必再从刘家港中转，改由定海港(按：此时之定海，即清代之宁波府镇海县)直接放洋运往直沽。⑨在官府眼中，宁波地区海贸传统悠久，"居民喜游贩鱼盐，颇易抵冒"⑩，官盐滞销、私盐盛行、有引客盐被卖作渔盐等弊端较为突出。⑪

元明之际，方国珍集合了东南沿海及岛屿的众多山民、船户，雄踞海上，舟山群岛中的兰山、秀山等岛上也聚集了一批武装力量。据《明太祖实录》记载，洪武元年(1368年)五月，"昌国州兰秀山盗入象山县作乱，县民蒋公直等集乡兵击破之。初，方国珍遁入海岛，亡其所受行枢密院印，兰秀山民得之，因聚众为盗"⑫。汤和的军队征闽还师，停驻昌国，恰逢海寇叶、陈二姓聚劫兰秀山，汤和为贼所袭，失二指挥，致其"不得封公"。兰秀山贼寇还一度驾船二百余艘袭击宁波府城，随后为吴王左相靖海侯吴祯所平。⑬

洪武四年(1371年)十二月，明廷令吴祯"籍方国珍所部温、台、庆元三府军士，及兰秀山无田粮之民尝充船户者，凡十一万一千七百三十人，隶各卫为军，仍禁濒海民不得私出海"⑭。这就是所谓"兰秀山之乱"与明初的平海籍军。

关于上述过程，陈波指出，元初建立的海漕体制容许两浙漕户通过夹带私盐等手段牟利，到了元末，漕户由于负担繁重，很多人贩盐逃役，遁为岛寇，聚为方国珍等海上强大势力。明初编里甲，厉海禁，方国珍旧部中船户众多，骤失暴利，遂有兰秀山之乱。明廷平乱后将方氏旧部编入沿海卫所，力绝其患。⑮不少学者常引述明代郑晓的一段重要评论：

> 初，方国珍据温、台、处，张士诚据宁、绍、杭、嘉、苏、松、通、泰，诸郡皆在海上，方、张

既降灭，诸贼豪者悉航海，纠岛倭入寇，以故洪武
中倭数掠海上。高皇既遣使，命将筑城增戍，又命
南雄侯赵庸招蛋户、岛人、渔丁、贾竖，盖自淮、浙
至闽、广，几万人尽籍为兵，分十千户所，于是海上
恶少皆得衣食于县官。洪武末年，海中方、张诸逋贼，
壮者老，老者死，以故旁海郡县稍得休息。⑯

郑晓敏锐地指出，洪武时期岛寇倭乱来自方、张余部，
其籍入卫所者安身于沿海州县，这一批入卫军士与其他
桀骜逋逃者均在洪武末年老病故去，故沿海暂安。

　　洪武中期，方、张余党势力的衰减，并未增强朝廷
在东南海岛建立统治的信心，明廷转而采取消极退守的
策略，此由昌国卫之设置即可见一斑：

　　（洪武十七年九月丁未）置昌国卫于宁波之象
山县。⑰

关于昌国卫设置的时间和方式，史书记载未尽一致，明代后期文献所记昌国设卫、舟山留所之过程，又常与汤和有涉。论者常引述嘉靖《筹海图编》中关于明初舟山徙民的一段记载：

> 国初，定海之外秀、岱、兰、剑、金塘五山争利，内相仇杀，外连倭夷，岁为边患。信国公经略海上，起遣其民，尽入内地，不容得业，乃清野之策也。⑱

《筹海图编》主要出自郑若曾之手，上述说法亦见于《郑开阳杂著》中的《舟山守御论》之语：

> 信国公汤和经略海上，区画周密，独于舟山，似有未安者……我太祖神明先见，置昌国卫于其

上，屯兵戍守，诚至计也。信国以其民孤悬，徙之
内地，改隶象山，止设二所，兵力单弱⋯⋯⑲

汤和迁卫之说，实录未载，此说何据，尚未清晰。天顺
年间所编《大明一统志》述及宁波府之公署时称：

> 昌国卫，在府城南三百五十里象山县境，俱洪
> 武二十年建；后千户所，在定海县（按：如前所述，
> 此时之定海，即清代之宁波府镇海县）东南九十里，
> 洪武二十七年建；中中千户所、中左千户所，俱在
> 定海县东北昌国县故城。⑳

天顺年间，宁波人黄润玉所撰《宁波府简要志》又
记载：

> （洪武）二十年言昌国县悬居海岛，徙其民内

地，仍以二千户所守其城。㉑

综上两说，昌国卫始建地点应是象山，而非舟山，立卫则在洪武十七年至二十年（1384—1387 年）这段时间，洪武二十年徙去舟山之昌国县，县城只设中中、中左两个千户所，应是同步之举。因汤和曾在洪武初于舟山受挫，后人又将明中后期倭患归咎于舟山迁县，故将象山设卫与昌国废县相提并论，从而突出汤和"始作俑者"的负面角色。此后，天启《舟山志》、康熙《定海县志》及雍正《浙江通志》等均沿此说，对汤和废县嗟叹不已。无论如何，至迟在洪武二十年，舟山之徙民废县已成定局。民国《定海县志》述建制沿革时列有《（定海）各乡遣徙展复始末表》，清晰地注明了舟山各大岛之迁遣时间是明洪武二十年：

富都乡　明洪武二十年汤和起遣悬海居民，止存内境四里，清康熙二十三年始展复故境；

　金塘乡　洪武二十年全乡居民徙入内地，康熙二十七年始招民开垦；

　安期乡　同上，与金塘同时展复，垦民未归，至乾隆间始开垦；

　蓬莱乡　同上，朐山至光绪四年始展复，余与金塘、安期同时召垦。[22]

关于清朝初年迁界事，论者有时易将海岛与沿海之迁界混为一谈，实际上，东南沿海诸多海岛在明初即已迁界，远早于清初。

暂不深究汤和撤卫徙民一说之原委，其故事之流传，至少反映了明代人对洪武后期海岛战略的转型已有较深体会。洪武二十五年（1392 年），舟山中中、中左二所改隶定海卫。永乐以后，常设于舟山群岛上的驻防建置亦无增加。成化年间，二所之下设沈家门、西碶两寨和 25 处烽堠，额设海船 20 艘。㉓ 在千百岛屿星罗棋布、烽烟时警、羽檄星驰的舟山群岛，面对明中后期倭患渐起的时局，这样的防御设置显得捉襟见肘。嘉靖二年(1523 年)进士、后任兵部尚书的宁波人张时彻撰《防海议》，记述了舟山防务及民情之态势：

> 舟山故昌国县地，悬峙海中，周围约四百余里，其间岛屿不下百余，五谷之饶，鱼盐之利，可以食数万之众，不待取给于外。先时匡辅大臣处置地方，非不欲因仍其故，且虑秀、兰方靖，又虑悬海诸山并无城域以御外寇，故恤其民，迁之内地。既迁其民，则供役输赋者少，而卫县自不容于不迁革矣。今所存四里之民日且繁庶，而各县之流寓有生业者，又不下三千有奇，地所出者既足，以给公私之需，而民所患者，又殊非承平之比。法以时宜，事缘情立。为今计者，倘得复立裁减小县，一

知一典，补足二所军伍，择人以守之，则内有城池防御之严，外有舟师哨逻之密……国初，沿海之兵自足，以周备御之用，而今乃不足，何也？盖卫所之兵止存空籍，窜漏裁革者过半，仓庾之储备止存空额，挪移逋负者不赀，而复以羡余归计部，此皆非讦谟之善者也。㉔

张时彻之论透露出不少重要信息：一方面，军籍半空，明初舟山徙民之后，供输锐减，仓储不足，导致卫所军丁逃亡；另一方面，孤岛不空，"四里之民"依旧繁衍生息，甚至还有三千多的外来移民来舟山谋得生计。相对于明初的迁弃政策，这种状况多少显得有点吊诡。张时彻献策之核心，即是顺应形势，主张复县、收税以养兵。

弘治十四年(1501年)，舟山人王某向时任宁王府教授的同乡陶恭讲述其曾祖父王国祚的事迹：明初舟山迁徙时，王国祚面奏太祖高皇帝，请求将其所居之富都乡免迁复业，幸蒙恩准，"乡人闻之，远者航海，近者出城，皆归旧里营居"，国祚归途部檄未降，官司以其矫诬，将其擒送返京，其后方知圣明恩允，情况属实，王国祚无罪释放，富都乡人有感国祚复翁州之德，遂有"复翁"之称。陶恭遂将此事撰成《复翁堂记》。㉕舟山复业，尚未见诸官文书记载，复翁壮举，有几分野史意味，天启《舟山志》之人物传未曾录入，但叙及陶恭事迹时，则称赞陶氏"尚书张公时彻尝以大器期之"㉖，显然，陶恭撰《复翁堂记》与张尚书之《防海议》在立场上也是互相呼应的。

待到清初展复，野史衍为前缘，康熙《定海县志》遂将王国祚列入明朝人物第一位，生动呈现了复翁逸事：

> 王国祚，邑之浦东人。洪武二十年，信国公汤和遣徙居民，通邑病之。祚奋趾扬袂，语同难者曰："丈夫弗效尺寸力为桑梓谋，奚以为人？"遂兼程赴金陵，面陈不当尽徙之状。高皇允奏，降批札

云："尔处有好田地，许尔辈搭屋居住，看守犁耙。贼人登岸，自备枪刀，杀了来说，随获赏劳。"遣归，余民不复就徙。乡人德之，名所止处曰"复翁"，以此地藉翁而复也。㉗

后续之文献如道光《昌国典咏》、光绪《定海厅志》进一步添加笔墨㉘，复翁堂(图11)的故事情节就更加生动了。

图11　复翁堂

明初徙民的实际情况或是迁而未绝，但有明一代的海岛政策始终未有展复之令。岛上人群之活动则依旧活跃，官员和士民亦对复县议论纷纷。在明中后期备倭期间，舟山兵备之虚弱亦引发不少官员对明初迁界的指责。例如，胡宗宪就曾指出，舟山只设二所，虽有沈家门水寨防守，但哨船不多，舟山四面环海，贼舟无处不可登泊，应修复舟山旧制。㉙万历年间，舟山人施邦彦亦曾恳请东阁大学士宁波人沈一贯建言展复舟山，其文曰：

> 今舳舻蔽空，旌旗隐日，重臣秉钺，元戎握符，而舟山则惟参将一官，有客无主；疲军数百，孤守荒城，游民逋逃，衣食奔走，是何枝叶加重，而根本反轻也？……即今海口生衅，客岁讹言戒严，军民失色。杂守垣埠，司御令军，巡检令民，军稍听则辄哗，事可知也。窃思舟山，迩来地辟人

稠，视昔悬绝，钱谷盐荡渔税等课数可万计，犹然一下邑也。奈何粮差远附定海产业，漫利客民，而反致武备之疏乎！……斟酌权宜，复置县治……徐而以金塘、大榭等山之在舟山内、定海外者增置屯田，以广援接。㉚

施邦彦所述颇为详细，海防局势未平，令舟山驻军几近哗变，由于明初徙民，粮额遂附入定海县（按：即舟山展复后的镇海县），于是，外海客民进入舟山垦殖获利。因此，施邦彦认为，舟山复县后，可在金塘、大榭二大岛广置屯田，既可恢复秩序，又可解军需燃眉之急。

在舟山群岛中，金塘、大榭二岛相对最靠近陆地，关于金塘应否开复，是否分屯增戍，在明中后期几度引起热议，但不了了之。万历十五年（1587 年），两浙巡盐御史李天麟亦曾禀报中央，称二岛共有田三万一千多亩，山四万七千余亩。此前曾试行招垦，或迁入附近卫所军丁屯种，结果却导致私盐盛行，不得已停止召垦。㉛天启年间，锦衣卫指挥同知昌嵩奏请开金、大二岛，朝廷以"遣官垦采无裨岁课，奸民勾引反生事端，昌嵩饶舌姑不究"驳回。㉜终明一代，舟山群岛在朝廷经略中始终处于兵备时松时紧、占垦无序的遣徙状态。

二、海上藩镇时代

明中后期舟山开复之难，其具体理由暂难辨清。舟山群岛的迁界与撤守非仅一隅之事，东亚海域之风涛亦非朝廷所能掌控。如前所言，濒临中国东南曲折海岸线的一连串岛屿，具有逃匿追剿、岛际贩运以及长途海贸之便利，因而成为南明政权割据角力的阵地。

谢国桢在研究南明三朝党争时就曾提到，鲁王监国绍兴之后，以张国维为太傅督师守钱塘江，熊汝霖、孙嘉绩、钱肃乐分防江上，又有总兵方国安自金华来，总兵王之仁从定海来,文臣沈宸荃、冯元飚,武臣黄斌卿、张名振皆起义师,援助鲁王,形势似有起色,但经济却极为困难,于是有所谓"分饷分地"之争论。㉝关于鲁王监国与隆武政权互相角逐、彼此拆台的过程,可参前人之述。㉞关于双方部将在浙东岛屿的拉锯情况,曾任职于鲁王政权的黄宗羲著有《舟山兴废》,其中叙述了这一过程:

隆武即位,斌卿得附劝进,上言:"舟山为海外巨镇,番舶往来,饶鱼盐之利。西连越郡,北绰长江,此进取之地也。"上善之。封为肃虏伯,赐剑印,率兵屯舟山,得便宜行事……六月,浙东事败,富平将军张名振扈监国鲁王出海,投舟山,斌卿不纳。然名振故与斌卿为儿女姻,其兵势相倚藉。宁国王之仁子鸣谦至舟山,斌卿诱击之,尽并其众……丁亥六月,斌卿又杀忠威伯贺君尧,劫其资。君尧帅温州，尝贼杀礼部尚书顾锡畴，为众论所不与。温败，入闽，复至温之玉环山，收其渔税，挟重赀入舟山……斌卿既返，甚悔其一出，刻意为保聚之计：限民年十五以上即充乡兵；男子死，妻不得守制，田即入官；年六十无子者，收其田产，别给口食。初，舟山田土大半属之内地大户，至是不敢渡海，尽籍为官田，官居其二，民居其一。斌卿之意，并欲收其一份，如土司之法，为不侵不叛之岛夷而已。张名振之丧师而归也，斌卿每事侮之，遂去舟山，而别营于南田。平西将军王朝先，亦失欢于斌卿，而别屯于鹿颈，两人皆恨斌卿，第孥帑皆在舟山，未得间也。……斌卿喜收海盗用之，资其劫掠……㉟

黄宗羲之述展现了顺治中期的闽浙海岛格局，阮旻锡的《海上见闻录》亦记录了顺治五年（1648 年）"海上藩镇分驻于各岛"㉟的情形。在这六七年间，诸将各持武装，多有牵连，又互相兼并。曾为南京留守总兵、舟山参将的黄斌卿，排挤了王朝先与张名振，吞并了王鸣谦之随众，劫取了贺君尧刚从温州玉环岛征敛的渔税，积累了兵力粮草之后，意欲模仿"土司之法"，成为"不侵不叛"的岛夷。他将先前沿海豪户游民所占垦的海岛田地收入囊中，并继续收买海盗在海上劫掠钱财，使舟山群岛成为其"保聚"之区。

清军窘于海战弱势，与南明海岛部将力争相持，直到顺治八年（1651 年），固山金励、刘清源等统率宁、温、台水师围剿舟山，鲁王驾小舟遁海，九月二日城陷，张肯堂等困居舟山的南明诸臣及家人随从自尽，死者相枕。睹此惨状，时任宁波府经历的乔钵将尸体集中到城北火瘗，勒石曰"同归大域"。㊲顺治九年（1652 年），清朝设舟山协镇副将，立中、左、右三营，三年后，海贼陈六御又举兵攻占舟山，十三年（1656 年）八月清廷委任大将军宜尔德统兵进剿，得胜后，奏请徙民入内地，撤回汛守，老岸钉桩立界，自此，"舟山等处俱弃置，凡海外闽浙之境，皆属伪延平王郑成功"。⑧

顺治后期，征战硝烟初散，明初的故事却几乎重演，海岛很快又被废弃。究其根本，在于新朝无法迅速在海岛上建立稳固的统治秩序，只好选择撤守。海岛弃守之后，沿海地方实行了更为严厉的迁界政策，前人之述备矣，此不赘述。海岛撤守后，开复之议亦很快接踵而至，其中关键的论辩在于军饷供应。顺治十五年(1658年)，宁波举人谢泰交奏请复舟山，其文曰：

沿海地卤而鲜获，其民大半倚海为生，萑苇薪蒸，鱼盐蜃蛤，民以为业，而国亦收其利。不夺民业，不特民皆吾兵也，即岛人、蛋户、渔丁、贾竖，皆吾水军之指南；苟夺民业，则不特近海者藉寇兵而赍盗粮，即远海者亦皆盗贼之向导。……盖海禁一弛，则民以酒米、硝黄接济海寇耳。然臣谓，海禁愈严则接济愈甚……防海之机，宜在不禁近海之樵采，而收其税以益饷，增其舟以备战。㊴

若将《谢泰交奏议》与前引郑晓《吾学编》相比较，则谢氏的态度值得玩味。"岛人、蛋户、渔丁、贾竖"，从元明之际到明清之际，一直是令官府捉摸不定却又畏惧三分的海上人群，而到了清初，如何争取到沿海海岛之"民"的支持，成为关乎海岛弃守的重要问题。顺治十七年（1660年）六月，浙江道监察御史季振宜上疏称：

至郑逆游魂，为闽、浙、江南三省重患。今大兵入闽，捣其巢穴，夫彼之巢穴固不止厦门、舟山等处，而船即其巢穴也。闽、浙造船且无论其累民，而我之兵马乘风破浪，不顾万死以前驱，则性命全寄于篙师、水工之手。倘逆贼奸细阳为应募，而我兵入其彀中。风水腾涌，弓刀莫施，可不为寒心哉。[40]

显然，季氏认为，明郑势力对清朝在闽浙沿海地区建立统治构成严重威胁，清军海战力量薄弱，作战只能依赖闽浙的船夫、水工，这存在很大的安全隐患。两个月后，有关海寇弃舟山南遁的消息忽然传出，对于朝廷是否应派兵驻守的问题，清廷爆发了激烈讨论。有官员指出，"汪洋大海，贼船任意往来。舟山虽守，亦属无益。且舟山孤悬海中，粮草转运艰难"，故主张不必防守舟山，或撤回浙江，令守要地，或即撤回京师。随后，议政王大臣会议认为，舟山乃本朝弃置空地，不惟运饷维艰，守亦无用。山西道御史余缙则指出，浙省三面环海，宁波一郡尤孤悬海隅，往时以舟山为外藩，"迩来行间诸臣忽倡捐弃之议。倘形胜之地，逆贼一旦据而有之，非近犯宁波，则远窥江左，为虑匪轻"。经多番考虑后，朝廷最终还是通过了弃守舟山的方案。[41]

顺治弃守后，舟山群岛等东南岛屿从"海上藩镇"转而落入明郑势力手中，康熙七年(1668 年)，(旧)定海知县郝良桐对舟山弃守后的局势甚为忧虑，其所作《请覆舟山议》称：

> (顺治)八年初克舟山之时，闽浙诸寇各保岛屿，其势尚分。及舟山复陷之后，闽浙诸寇合而为一，海中洲岛悉为贼巢。[42]

显然，谢泰交与郝良桐均认为，迁海等于剥夺了沿海民众的生计，非但无益于军备，反倒进一步导民入寇。这一沿海生计实态以及王朝战略的两难境地，在东南沿海具有普遍性。迁海期间，民众越界出海的现象也多有之，韦庆远曾以广东沿海为例，阐述了清初禁海与迁界的实际运作情态。㊸朱德兰根据中日贸易史料《华夷变态》，阐述了舟山群岛东部的普陀山在迁界时期扮演的走私贸易中转港的角色。据英国商馆的报告，郑经将不少台湾人送往普陀从事贸易，普陀船只常常伪装成渔船，到内地收货，所收丝货主要供应给荷兰船。普陀走私船只长期由明郑政权控制，迁界以后，丝货供应受到影响，但海上商贸依旧繁盛。㊹郑经退守台湾后，张煌言一度率旧旅居舟山，但很快被清军设局擒拿。自此"浙海始无余孽"。康熙二十二年（1683年）郑氏投降后，总兵孙维统即请复舟山，给事中孙蕙则请移定海总兵于舟山，到康熙二十五年（1686年），这两项提议均获批准。㊺两年后，舟山建县治，康熙赐名"定海县"，舟山之展复拉开序幕。

三、定海知县缪燧

　　明初至清初的历次迁遣政策，源于中央王朝对东南海域的复杂社会状况缺乏足够的控制力。海岛人群的生活空间跨越了具体的港湾和海域，自有其特有的文化传统。经过明初至清初的历史教训，复界以后，许多官员已抛弃"因噎废食"的禁海和迁遣政策，开始积极谋划海岛治理及海上弭盗之策，但是他们马上就遇到了难题。诸如舟山这样的一个海岛，南北海域八百里，闽粤商船、东西洋船在海禁开放后即蜂拥而至㊼，如何辨明良莠、整顿社会秩序，颇为不易。知县缪燧就曾慨叹曰：

　　　　从来弭盗之法，详于陆而未详于海。……州县弭盗不过稽查、保甲、盘诘出口而已。今者，弘开海禁，万里梯航，有辐辏之商渔，因有伺劫之盗艘，奔突于洪波巨浪之中，匿于人迹罕到之处，乘风上下，倏往倏来，有为稽查、盘诘之所不及者。初，穷徒乌集，不过数辈，托名渔采，泛舟中流，乘人不备，掩袭而取，以小易大，以一化两。而被劫者，或为势胁，或为利诱，或效力劫船，替代不烦纠合，人皆用命，于是朝为被劫之难民，夕且为劫之凶徒矣。更有借人之本，赁人之船，揽人之货，反利中途，遇盗，藉口分吞，或捏称被劫，希图混赖。甚而甘心入伙，先期暗合，望风迎候。及其发觉，则诡称被掳难民，莫可究诘。以致联帆列舰，出没无常，劫夺之事，所在见告。㊷

面对此番治理困境，新任的县官、总兵难免一筹莫展，特别是外地调任的官员，更需得谙熟地方之人辅佐，方能成功施政。

第一任定海知县李侗是湖北大冶人。其时新县草创，李侗招徕开垦，请复金塘、蓬莱、安期三乡，赈济贫民，他"尤注意养士，稍有能文者招之入署亲教之"，无奈执政三年后，与总兵黄大来抵牾，遂告老还乡。黄大来曾因康熙十三年(1674年)讨伐耿精忠立功而受提擢，任定海总兵，赏罚分明，威望颇高，后来在一次营弁扰民的案件中，李侗由于抢先查办，遂与黄大来交恶。㊽

第二任知县周圣化在前任之基础上颇多建树。他营建了公署、仓库、学校、城隍祠、御书楼等设施，如此大规模的建设，与地方人士之支持密不可分。据康熙《定海县志》所载清初人物小传似可知之：

夏时栋，字隆吉，紫微人。留心时务，为上官所敬礼。展复初，绘图上呈，身为向导，凡百创修，栋力居多。知县周圣化榜其间曰"翁州遗献"。寻以涂租摊累，呈请得免。定民至今食其德云。

吴澐，字幼文，芦花人。见义勇为，利害不可夺。展复初，食盐有课，涂税摊赔，民甚苦之，澐力请得免，居乡，与生员缪桯、吴世扬创举考亭、社仓之制，可谓立德于乡矣。

周昌祚，字吕襄，居负郭。性方毅，学冠一庠，惟以教迪为仟。邑之俊彦半出其门，定邑文风丕然，与有力焉。

夏惟灼，字懋参，岑港岙人。慷慨好义，拯人于濒危者屡矣。稔知掌故，展复初，上官常资焉。

孙黉业，世居城北隅。仁庙时展复舟山，其流离失所者，黉业多方周恤之。时议建文庙及御书楼，欲市孙氏地作基址。黉业慨然乐助，不受值。知县周圣化称其义子。㊾

选取以上人物载入展复后第一部县志的人物志，更凸显了建县初期他们在财力、物力、学力的贡献。显然，周圣化与他们多有接触。其中，夏时栋（隆吉）的事迹颇值得玩味。康熙县志在《遗事》中对此亦有详述：

> 邑既展复，上司访求本上居民有知山川隘塞，及旧时田赋、户口多寡之数者，将据此绘图，具状以进。转徙来，老成已尽。有紫微畚民夏隆吉者，夙称谙练熟悉旧事。于是府县上其名，得亲谒各宪。凡所指陈旋即记录，据以作图书状，而皆列其名。嗣后，入山开展，署为向导，巨细因革，无不讯之。⑩

钱粮事关立县之根本，夏时栋进呈图志正解燃眉之急。非久居海岛之人，必不能如此谙熟旧事并绘成地图。这也进一步表明，自明初至清初的迁遣期间，海岛仍存有许多长居不迁之人群，是否为"民"，全然在于官方的政策定位。至于"转徙"的说法，也不过是为了证明其遵守徙民和展复政策的合法性罢了。周圣化是康熙《定海县志》的首修者，他离任时县志尚未完成，遂由第三任知县缪燧续修，所成新志中之一批地图，很有可能即出自夏时栋之手笔，这40多幅地图（图12"金塘山图"是其中一幅）以港岙为单位，配以海岛的展复，最重要的标志即"入山开展"，查明"旧时田赋、户口"，官方的这些举措，都离不开夏时栋这类"向导"。

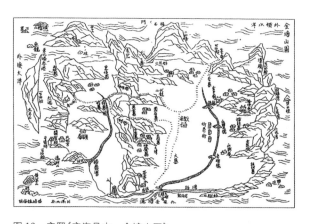

图 12　康熙《定海县志·金塘山图》
图片来源：康熙《定海县志》卷二《舆图》，40 页，2006 年舟山市档案局馆整理本。

清初东南岛屿之展复，无论是迁界之时，抑或是展复之际，王朝面对的民众，都不全是安土重迁的百姓，更多的是长期生活在海上、有着复杂地域文化背景的人群。其中，闽人在东南海域的长期活动显得格外突出。

明清之际，舟山传奇人物刘贞升的事迹为人称颂。贞升是明代军户后代，顺治八年（1651年）清军平舟山，刘氏举家殉难，家人匿贞升于山，以存刘氏后，此时贞升之母在宁波鄞县（今宁波市鄞州区）生产，闻全家死难，削发为尼。顺治十三年（1656年），浙江提督田雄奉命徙舟山，见贞升状貌英伟，留其在宁波署中。但贞升逾墙逃走，在普光寺巧遇其母，欲奉之归，母曰："吾在此无他愿，唯旦夕祝天，求母子相见，今遂愿矣。舟山封禁，不得居，汝善自计。"贞升不忍远离，寄居寺后，佣贩供母。有闽商某见贞升孝顺，钟爱有加，商无子，遂以所积财货委于贞升。闽商病死，贞升派人入闽以告其兄弟，礼葬闽商，并将钱财璧还。[51]刘贞升的事迹至少透露出两个信息，一是舟山封禁后，返岛居住者有之，贞升遂有奉母归乡之意；二是闽商在舟山、宁波一带活动甚多，与当地人联系密切。

在舟山展复前后，定海和舟山总兵一缺时常从福建选调。譬如，康熙十五年(1676年)四月，调随征福建右镇总兵官牟大寅为浙江定海总兵官，前面提到的黄大来则填补福建右镇总兵之缺；康熙二十四年(1685年)三月，调福建兴化总兵官吴英为浙江舟山总兵官，当年九月吴英升四川总督，十月调福建福宁总兵官黄大来为浙江舟山总兵官。[52]从军事部署上看，从清初迁界到康熙展界期间，舟山防务与闽省防务也是互动紧密的，其重要任务之一，在于招抚海上各岛大大小小的武装势力。康熙二十二年(1683年)九月，福建提督施琅就曾上疏建言："舟山等处伪总兵有兵丁船只在海岛者，俱遣人招抚，令聚集一处，以杜奸宄。"朝廷十分认可施琅之策，令其招集"见在海岛船只及伪官兵丁，严加确察，俱行

收抚，务尽根株，毋贻后患"。⊠

舟山展复、定海新县设立之后，继黄大来任第三任定海总兵的蓝理，本身是福建漳浦人，平台有功，调任定海。据《定海厅志》载：

> 时县新展，百物未具，闽商来贸易者不绝，理先倡建天后宫于道头，旁设八闽会馆，商民感德，立生祠。又购民田三十八亩七分，为明末殉难诸人岁时祭祀之资……后升福建提督，其子孙家于定海。⊠

显然，蓝理通过八闽会馆、天后宫等带有鲜明闽省色彩的场所的营建，成功赢得了闽商对定海新县财力、物力的支持。

从上文李侗、黄大来、周圣化、蓝理等展复初期文臣武将的事迹中，我们可以看到清朝在浙闽海岛逐渐建立起稳定的统治秩序，其施政策略从征服迁遣转向招徕安抚。第三任知县缪燧任官初期的施治情形，在以下一则逸事中得到了生动的反映：

> 余夫妇皆难民，而余尤傺余，微公者，久不睹天日矣。余闽人，小字聪，性识忠义，遭世难，别略为盗，嗟乎！聪乃与盗伍。公奉天子命来定土，誓清海氛，擒不轨，余亦在获，获就戮，又奚言？独恨抱此七尺，不能为圣朝奏微绩，竟以盗污蔑，每中夜饮泣……公曰："汝能自新，吾适汝。"聪忭跃曰："生死唯命。"公乃力为荐拔，改名勇，荐之幕府，饩以战饷。又择宦家女妻余……勇亦不以次擢，而百夫长、而千夫长、而城守、而游击……⑤

该文出自缪燧族人、近代大学问家缪荃孙所编纪念文集《定海遗爱录》之附录。逸事中名为聪的闽人，出身海盗之伍，在清廷擒剿之际，受缪燧感化，归顺清朝，随后成家立业，卓有功勋。若以此事与前引刘贞升逸事相联系，似可说明，顺治至康熙年间的迁界和复界一方面是基于东南局势的大转变，另一方面也是清廷对海岛情势的认识及具体施政理念的转变。刘贞升事迹反映了迁界的实施未能达到招抚海岛人群的效果，闽人聪之故事则反映了展界之后海岛重建政策的宽政倾向，两则故事又同时反映了闽人在舟山海域社会的活跃。

不可忽视的是，南明据岛时期，本是"倭窟贼巢"的海岛归属不同的割据政权，社会组织也经历了不同程度的重组。清初的大军进剿与南明臣属殉难事件，一方面是南明政权的失败，另一方面则是清廷无力接管海岛而采取屠杀、迁遣策略的悲剧。展复10年后，清朝有意抚平这场杀戮给海岛社会带来的创伤，平民恨，树王德。这个任务落在第三任知县缪燧的身上。其标志性事件即缪燧公祭"同归域"（图13）和"成仁祠"的修建。

图 13 "同归域"

图片来源：民国《定海县志》册首《列图》"同归域"，见《中国方志丛书》华中地方第 75 号，32 页，台北，成文出版社，1970。

前已述及顺治八年（1651 年）乔钵掩埋南明诸亡臣尸骨并筑"同归大域"事。康熙三十四年（1695 年），缪燧在上任定海知县当年的清明节，即率领阖邑衿耆庶祭拜"同归大域"，悼念当年"杀身以成仁"的"孤臣与孽子"。⑤⑥康熙三十九年（1700 年），蓝理用银 180 两买得王赞卿民田 38 亩拨入定海县学，立户输粮，作为每年"恤孤大典"祭拜"同归大域"的经费，在此基础上，康熙四十二年(1703年)缪燧又捐建了定海"成仁祠"。[57]"修同归域，建成仁祠，置产供祀以安胜国忠魂"[58]，这标志着清朝对南明死节诸臣的正名，历史镜像遂由乱入治，海岛的展复和地方行政的重建，在缪燧的主导下开始付诸实践。

1701年，曾有一位叫詹姆斯·坎宁汉（James Cunningham)的英国医生随英国东印度公司的船只来到宁波，并致信英国皇家学会，略述其在宁波和舟山的见闻。他在信中称，中国给予英国在宁波进行自由贸易、建立聚落的权利，但地点不在宁波，而在距离宁波6～8小时航程之外的舟山岛，经过沿途大大小小的岛屿，即可达到舟山岛西岸的良港。舟山岛在14年前(1687年)人口渐长，在距离海滨3/4英里(约合1.2千米)的地方，用石头筑起了周长3英里(约合4.8千米)、加盖22座方形堡垒的定海县的县城，四座城楼上的大炮早已破败失修。城中的房屋都十分简陋，居者三四千，大都是贫贱的军士和渔民。此地贸易初开，所以大量的商贾尚未涌入。至于岛上生业，坎宁汉提到岛民捕鱼、种田、制盐、制造漆器、植桑养蚕以及在山上种茶，他觉得岛上物质甚丰。⑤⑨

康熙年间东南沿海和海岛的复界，在各地呈现出不同的进程和面貌。对于群岛来说，首先表现为岛屿的渐次展复。在没有机械动力和跨海桥梁的时代，除非常年以海为生，或习于巡海征伐，否则要掌握海上诸岛的情况实属不易，正如康熙四十七年（1708 年）定海总兵福建人吴郡所说：

> 自海禁既开，江南、浙省、福建沿海诸郡渔船，四、五月间毕集于此，名为渔汛。大小船至数千只至十数万停泊、晒鲞……鄞镇之民，率皆裹一二十日口粮，伺候阴晴，出入于孤屿绝岛人力不到

之处、了不为意者，亦其风俗使然也。夫环海岛屿，舟子、樵夫数至，而不能言学；士大夫畏事舟楫，即使嗜奇好事，然苟风色不顺上下，波涛之中目眩必怵，则未有不望洋而返者。余因巡哨之暇，即目耳之所及者，约记其方位。[60]

康熙开海之际，如何展复迁弃多年的舟山群岛，并非轻而易举之事。康熙二十六年（1687 年）舟山正式展复之前，原定海知县郝良桐奉命查议舟山展复方案。他指出：

> 舟山自顺治十二年迁弃至今，未满三十年，非若大榭、金塘迁自明初历年三百者比。其被迁之民，现今寄居两浙东西内地，在各州县皆可按甲而稽……离散之后，今为招复，一时未能齐集所有，起科年份或应以几年为限……若渔盐生息，弃迁已

久，猝难悬拟，应俟招复生聚，自可逐渐议增，以符旧额，以裕课饷者也。[61]

即是说，舟山之展复，系由沿海之原定海县牵头操办。知县郝良桐认为，可从顺治九年（1652年）后一度恢复统治、登记赋税的舟山本岛开始展复，以优惠政策招徕垦荒，渔盐课税则可缓征，至于金塘、大榭这些明初就已迁徙、缺乏编户图籍的岛屿则暂不设法。从康熙《定海县志·田赋志》可知，舟山本岛（即昌国乡）田地的招垦报升在康熙二十四年（1685年）就已经开始，到了康熙五十二年（1713年），共计实征民田659顷，约等于弃遣前的原额，人丁亦足额，民地、涂田、荒地、草荡、河各项则未垦足。[62]

比舟山本岛更临近陆地的金塘岛，则是定海设县之后由首任知县李侗奏请开复的。[63]在万历年间，就曾有开复金塘的争论，不少官员认为金塘较舟山更近内海，

"以堂堂数万膏腴之田，暗滋奸民无厌之欲，不华不彝，无租无赋"，又云"翁洲田里山，金塘山包田"，中多险害，故不宜开彼。第知寇之能据险，而不知我当先守隘，此其说难通矣。㉞然而，有明一代，金塘终不得开复，文献中则多次提及豪民占垦的现象。舟山展复伊始，垦民金廷清等愿意认垦入籍，照例升科，遂有李俶在康熙二十七年（1688 年）的奏请。康熙二十九年（1690 年），时任浙江巡抚张鹏翮疏言："定海山，即古之昌国县，原有富都、金塘、蓬莱、安期四乡，至明代去三乡，止存富都，即今之定海山。兹据民人金廷清等认垦金塘、蓬莱二乡田地，应准其开垦成熟、照例起科。"户部给予支持，六年起科的招垦政策从此正式实施。㉟到康熙五十二年（1713 年），金塘、蓬莱、安期三乡共垦民田 200 余顷、民地 120 余顷。

在以上四乡之外，舟山群岛还有诸多岛屿有待开复，但过程曲折。康熙《定海县志》述山川时，将舟山群岛分为"内地（本山八十二岙之数）""近洋（如金塘、岱山、普陀之类）"和"外洋（系定镇营汛与他省郡分界者）"，前两者即分别隶属于富都、金塘、蓬莱、安期四乡，后者则指那些"离县夐远，惟候潮汐、视风信以为去来，难以计程"的"外洋悬海诸山"。⑥对于这些外海岛屿的展复提议，到了康熙五十一年（1712年）由内务府员外郎戴保正式提出，并由缪燧会同戴保及绍兴府通判李天植会勘。缪燧认为，诸如大衢山之类的外洋岛屿不宜开复，他指出：

（衢山）展复之初未议及，归隶县辖，永为禁地……夏秋渔汛之期，闽浙渔船聚集网捕，而无业穷民多有潜赴此山搭厂私行开垦者，盖内地无产之民……垦荒之初，不假粪肥，不烦耕耨，择肥白垦，实为便利，然皆无赖亡命，或犯事逋逃，走险趋利，实非殷实良民之所为也。迩年海岛频闻，此等私垦之徒，往往以酒米接济海岛……计今若开垦衢山，内地有恒产者，决不肯轻身出海。其应命开垦，必皆前项私垦之徒……恐垦田者未能获利，反赍盗粮……衢山便于煎盐，而界连江省，倘听民开垦，则利之所在，法所难禁，诚恐私盐充斥，浮海而西，江浙两省引课被侵……衢山既开，必设兵设船，少则不足控，多则经费增繁，此不便者一。……地处孤悬，有司鞭长莫及，保甲难稽。奸宄丛杂，更无益于官，此不便者二。……⑰

在会勘官员的反对下，衢山开垦之议遂不可行。直到光绪四年（1878 年），同知史致驯"亲诣勘丈，诛不顺者，而朐（衢）山之赋自此始"⑱。

前已述及首任知县李佀与总兵黄大来交恶事，而缪燧在主政时，则与同样秉持安抚妥协作风的总兵蓝理保持了较好的合作关系，缪燧在县志之按语中曾曰：

> 旧时田土先为营卒所偌。民曰："此我故业"；兵曰："此我新开"。攘夺相寻，客主难辨，岁征之数比原额减其大半。及予下车，多方疏理复业，息争因而劝相劳，民俾各尽力于南亩，然而操耒之农，或只影单丁，依栖无所，或扶老挈幼，饮泣不言，加以剪棘诛茆，苦辛万状。予于是时方绥，恤之不暇，岂容急于征求？频年以来，家室稍盈，课额渐足。第四乡之中，犹有维草其宅也。涂田荡田之滨海者，未尽可耕也；四野之桑麻未菽，而农夫、红女未勤率作也。[69]

兵民之争看来亦是舟山展复初期突出的社会矛盾之一，这是舟山从半军事管制半迁弃体制走向民政体系的自然反应。从周圣化与地方人士的广泛接触，到缪燧、蓝理与地方权势的合作，官方逐渐将各种制度推上顺畅的轨道。

《清史稿》将缪燧列入《循吏传》，着重叙述他在定海任官22年的诸多善政，其中特别写道：

> 地瘠民贫，完赋不能以时，逾限者先为垫解，秋后输还。旧有涂税，出自渔户网捕之地，后渔涂被占，苦赔累，为请罢之。地故产盐，无灶户，盐运使屡檄设厂砌盘，官为收卖。燧持不可，请仿江南崇明县计丁销引，岁完盐税银四十二两有奇，著为例。学额多为外籍窜冒，援宣平县例，半为土著，半令他县人认垦入籍以充赋。又以土著不能副额，扩建义学，增廪额以鼓舞之，文教兴焉。⑦

这段叙述突出了缪燧在定海设县后整顿户籍、盐政的举措，以及二者之关系。前引缪燧关于衢山开复之论辩中已提及私盐之忧，舟山四乡展复以后，盐课问题触发了不少制度改革。在清初迁遣之前，舟山盐课中岁征水乡银769两，车珠银12两，另征涂租银9两，车珠银1钱。展复之后，如何修复水利、整顿滩涂地、垦种水荡以满足前额，亟待解决。此外，他县冒籍占垦的问题亦颇为突出。前文所述舟山紫微岙民夏时栋就曾向上司反映了这些难题。缪燧上任后，即提出"水乡荡亩不能足额、定庠冒籍占据为定邑两大害缘由"⑦。经过调查，缪燧实行了"荡田止许随垦随报"，"凡内地州县文童，愿赴定邑筑塘修碶，开垦荡田一百三十五亩，准其入籍考试，武童减半"的认垦入籍与土著入学并举的新政。对于这一改革，缪燧本人相当得意。他在《重建义学记》一文中提到其任职初期的见闻和举措，由于"定邑初展，土瘠而民贫，子弟十三四以上皆樵牧，不知诵读为何事，即就傅，止令稍识别字记名数而已。又见校序虽设，外邑占籍其中……乃私籍里中子弟姓名，无论秀朴，掖之读书，若勾摄然"[72]。以一己之愿劝学，毕竟不是长久之策，师资之配备、馆舍之营建，亦亟待更多的支持。于是便有了从土地、户籍政策入手的改革尝试。

总体上看，缪燧实行了"认垦→筑塘→垦田→占籍→入学→修学"的改革路线，在土地和学额被外邑人群占据、无法实现有效管理的情况下，着眼于定居舟山的人群，以学额和土地开垦权吸引他们认垦入籍。经过十几年的经营，缪燧在流动性较强的海岛社会真正建立起具有稳定编户齐民的大清帝国州县秩序，取得了前两任知县未能达到的施政效果。缪燧还提到了改革过程中参与谋划的地方人士如黄灏、杨汉昭等，从康熙《定海县志》的其他篇章可知认垦兴学新政的重要建言者是舟山紫微岙人黄灏。[73]其事迹曰：

黄灏，初名正位，紫微人。父仲连，诸生，康熙初遭遣徙，以家学授徒于杭州。展复初，灏即游庠，有干才，排难解纷，乡里赖之。知县缪燧稔其才，凡所兴建，必与商计。时土著不副学额，燧创认垦入籍之法，俾他县士子咸来占籍，而濒海之地，垦田必先筑堤，以工役估计之，而有佣直。灏与杨汉昭等议，以各家子弟就役，移其直为兴学之资。知县从其言，由是殿庑、楼阁、泮池、石梁、棂星、戟门、名宦乡贤祠、教谕训导署，皆以次告成。其后营城濠、修县志，亦公任其事。[74]

综上所述，缪燧的认垦入籍法是对既有土地占有格局的有效顺应，亦是与黄灏等权势人物的协作。这一新政得到乡豪的拥护，县城的学校兴建、公署营造、县志编修等事务也获得了财力支持，黄灏在其中也充当了官方代理人的角色。在前文提及的定海士民留葬缪燧衣冠的事件中，黄灏即是士绅兴事之领袖。

对于定海赋税中的涂租涂税及其车珠银的缴纳方案，向来争议颇多，其原因是缪燧在办案中查获了一位姓丘的镇海人于崇祯十五年（1642 年）和顺治九年（1652年）在舟山采捕时完纳舟山涂银的单据，缪燧认为，这说明了"涂租涂税并非虚悬，不得加派于荡民"，该税应由在舟山采捕的宁波鄞县、镇海渔网户来办纳。到了康熙三十一年（1692 年），巡盐御史有销派盐引之议，周圣化以"沿海涂田籽粒尽归乌有"，以及日夜烟火容易引发盗匪等理由，不敢奉行，后主张借鉴江南崇明县的例子，订丁包课，而不销派盐印，统入条编，只许食锅煎煮，不许设厂彻盘煎烧、私贩。这次改革的参与者，正是前面提到的创办考亭、社仓的舟山芦花岙人吴澺。在缪燧任上，曾先后发生了康熙三十八年（1699 年）、三十九年（1700 年）商人汪德新私煎沥卤漏课，康熙四十五年(1706 年)商人江本宁收买余盐，以及康熙四十九年(1710 年)叠获大伙私盐等事，不少官员也主张舟山开厂煎烧，缪燧均坚持抵制。⑦关于商人汪德新、江本宁的身份，尚不得而知。然而，缪燧的用意很明确，即力保定海只纳课而不设厂派引，维护地方利益。

前文已提到，康熙三十七年(1698 年)，定海县设立"红毛馆"，该馆额设货税银一万两，相对于展复后的定海赋税，这是一笔相当大的财政收入，足见海贸之繁盛。不过，外贸的兴旺也随即增加了官府管理海域的难度，其突出难题在于如何防止民众在日常交易中走私漏税。康熙三十七年七月，布政使即下令"定邑日用并糊口贸易等货，遵海关敕令，概免抽税。其内地丝绸缎等出洋货物，恐有船户人等串通夹带漏税，仍听该关照例稽查"，并勒石以禁。然而，该禁令并未得到很好的执行，其后不久就出现了海关苛索来往船民的现象。康熙四十年(1701 年)十月，都察院亦下令禁饬。⑦

同时，红毛馆开设后可观的商货收益亦引起定海县与宁波府首县鄞县的关市之争。康熙四十四年（1705年），定海与鄞县发生了争夺外洋夷船停泊港的纠纷，其起因是定海初设海关，行铺寥寥，不及宁波十之三四，于是外洋来舶货物未能屯集，常常装运至宁波府城。宁波的市侩牙人觊觎关市开通之后的贸易之利，借机制造定海营弁邀截商船等舆论，企图将红毛馆及关市移至宁波府城鄞县。经各级官员一番博弈，闽浙总督下令："东西洋船愿往宁波者，听其驾赴宁波；愿往定海者，听其停泊定海，两处勒石永禁。"⑦⑦经过这一调整，尽管宁波、定海两处之海关各得其利，其关税利益互有抵牾，然而在日常的市场活动中，定海之民仍然常常吃亏。康熙四十六年（1707年），缪燧主持勒石永禁，重申了"定海日用并糊口贸易概免抽税"⑦⑧的禁令。

在官府的眼中，海岛与大陆之间物资与人群的合法流转，有赖于渡船与渡口的规范化。每逢渔汛，东南沿海的渔舟船客云集舟山群岛，此间航行和停泊的船只杂乱无章。海岛展复前后的治理体制，总体上体现为从军事管制向州县行政的转变。在船只与津渡的管理制度改革中，则表现为从民众自设渡船，逐步过渡到官方统筹治理。

舟山的金塘岛展复后数年都是民众自设渡船，康熙四十八年(1709 年)，金塘民众上书缪燧，抗议镇海关兵弁对渡船的敲诈和刁难行为。官方遂设金塘渡船三只，船尾粉白大书"金塘航渡"字样，取结存县，听其往来，对于出外海采捕的船只，则按十艘编为一甲的方式进行管理。到了康熙五十年(1711 年)，舟山本岛北面的岱山岛的渡船制度也建立起来，渡船配置与金塘渡类似，官方亦公置小船三只，船尾、船篷大书"岱山渡船"字样，雇本地有田产家室的诚实之人充当舵水，通乡里保邻佑出结公保，俾县核明给照。此外，对航线也进行了严格规定：

此往彼来，在岱载者，自岱及定，到宁而止；在宁载者，自宁及定，到岱而止，不许透漏他往，出入必由镇关查验挂号，不许偷越小口，物非岱者不装，人非岱者不载，内不许越宁郡，外不许越岱山。一有违犯，即作奸船拿究，报结诸人一体连坐。⑲

在普陀山，官方也设立了渡船，在宁波装送香客并买载食物等项，关部批照免税。⑳

经过这一番努力，舟山群岛主要岛屿之间的渡船制度得以规范化，对于官府来讲，对岛际航路和渡船的管理，无论对海上世界的管理是否真的有效，都充分地表现了疆域和王化在群岛间的连续。

群岛的渐次展复，意味着合法边界不断变动，豪户、游民私垦的海岛田地，就可能随着展界的推进逐渐被纳入合法的范围。随着认垦政策的实施，一部分"私垦之徒"逐渐转为编户良民。康雍时期浙江海岛的展复适逢国家的地方治理形式、赋役制度以及驻防制度的重要调整期，遂带出复杂的制度改革问题，如土地认垦和户籍登记，渡船、渔船和盐场管理，以及海关设立后的制度安排等。在地方行政重建和海岛社会重建中，州县官员与海岛地方权势人物合作，顺应了海岛社区既有的权力与资源分配格局，逐渐展开施政。康熙五十五年(1716 年)定海士民留葬案，一方面是缪燧德政的彰显，另一方面更是海岛既有权势格局的宣示。曾协助缪燧完成土地户籍登记、学校公署营建、《定海县志》编修的黄灝，就是定海士民留葬案中士绅兴事之领袖，其地位显露无遗。

在缪燧去世前一年，康熙《定海县志》纂成，这部方志的传世，令我们得以管窥明清之际海岛历史的沧海桑田，以及王朝更迭的惊心动魄。康熙《定海县志》的编撰过程贯穿了周圣化和缪燧两任知县执政的重要时期，该志的地图绘制、人物传记选取，以及其他内容的采择和编排，亦凸显出海岛新县建立初期的世态社情。该志校阅者有 11 位，其中夏惟泰、范章鼎、黄京谟、丁可久、李向佐、黄灏、王家齐、沈定国、陈廷佐 9 位，正是定海士民留葬案中领衔上书之人。

注 释

①　(清)黄灏等：《定海士民留葬实录》，见刘家平、苏晓君主编：《中华历史人物别传集》第 394 册，449～455 页，北京，线装书局，2003。

②　康熙《定海县志》卷四《田赋·关市》"番舶贸易增课始末"，119 页，2006 年舟山市档案局馆整理本。

③　乾道《四明图经》卷七《昌国县》，见《中国方志丛书》华中地区573 号，4983 页下，台北，成文出版社，1983。大德《昌国州图志》卷一《叙州·沿革》，见《中国方志丛书》华中地区 580 号，6001 页，台北，成文出版社，1983。

④　康熙《定海县志》卷一《沿革》，14 页，2006 年舟山市档案局馆整理本。

⑤　参见陈春声：《从"倭乱"到"迁海"——明末清初潮州地方动乱与乡村社会变迁》，见朱诚如、王天有主编：《明清论丛》第 2 辑，73～106 页，北京，紫禁城出版社，2001；鲍炜：《迁界与明清之际广东地方社会》，博士学位论文，中山大学，2003；林修合：《从迁界到复界：清初晋江的宗族与国家》，硕士学位论文，台湾大学，2005；叶锦花：《迁界、复界与地方

社会权力结构的变化——以福建晋江浔美盐场为例》，载《福建论坛》(人文社会科学版)，2012(5)。

⑥　例如，谢国桢：《明清之际党社运动考》"五、南明三朝之党争"、附录二《清初东南沿海迁界考》、附录三《清初东南沿海迁界补考》，81～95、237～278页，北京，中华书局，1982；韦庆远：《有关清初禁海和迁界的若干问题》，见朱诚如、王天有主编：《明清论丛》第3辑，189～214页，北京，紫禁城出版社，2002。

⑦　有关元代海漕体制与海运豪户的研究是元史学界长期关注的课题，较早的成果有高荣盛：《元代海运试析》，见南京大学历史系元史研究室编：《元史及北方民族史研究集刊》第7辑，40～65页，南京，南京大学历史系元史研究室，1983；陈高华：《元代的航海世家澉浦杨氏——兼说元代其他航海家族》，载《海交史研究》，1995(1)；[日]植松正：《元代江南政治社会史研究》，东京，汲古书院，1997；等等。近年研究进展可参见孟繁清：《"至大新政"与元武宗时期的海运》，载《河北师范大学学报(哲学社会科学版)》，2006(1)；陈波：《海运船户与元末海寇的生成》，载《史林》，2010(2)；陈波：《元代海运与滨海豪族》，见姚大力、刘迎胜主编：《清华元史》第1辑，215～249页，北京，商务印书馆，2011。

⑧　大德《昌国州图志》卷一《叙州·沿革》，见《中国方志丛书》华中地区580号，6001页上，台北，成文出版社，1983。

⑨　《大元海运记》，胡敬辑自《永乐大典》，见《丛书集成续编》第62册，576页上，台北，新文丰出版公司，1989。

⑩　至正《四明续志》卷一《土风》，见《中国方志丛书》华中地区579号，5836页下，台北，成文出版社，1983。

⑪　大德《昌国州图志》卷三《叙赋·食盐、渔盐》，见《中国方志丛书》华中地区580号，6017页下～6018页上，台北，成文出版社，1983。

⑫　《明太祖实录》卷三十二，559页，台北，"中央研究院"历史语言研究所，1962。

⑬ (清)张廷玉等:《明史》卷一百二十六《列传第十四·汤和》,3754页,北京,中华书局,1974。

⑭ 《明太祖实录》卷七十,1300页,台北,"中央研究院"历史语言研究所,1962。

⑮ 参见陈波:《兰秀山之乱与明初海运的展开——基于朝鲜史料的明初海运"运军"素描》,见郭万平、张捷主编:《舟山普陀与东亚海域文化交流》,44~58页,杭州,浙江大学出版社,2009;陈波:《海运船户与元末海寇的生成》,载《史林》,2010(2)。

⑯ (明)郑晓:《吾学编》卷六十七《皇明四夷考上卷·日本》,36b页,明隆庆元年郑履淳刻本。

⑰ 《明太祖实录》卷一百六十五,2542页,台北,"中央研究院"历史语言研究所,1962。

⑱ (明)郑若曾:《筹海图编》卷五《浙江事宜》,见刘鲁民主编:《中国兵书集成》第16册,474页,北京、沈阳,解放军出版社、辽沈书社,1990。

⑲ (明)郑若曾:《郑开阳杂著》卷一《舟山守御论》,见(清)纪昀等编:《文渊阁四库全书》第584册,478页上,台北,台湾商务印书馆,1986。

⑳ (明)李贤等:《大明一统志》卷四十六《宁波府》,754页上,西安,三秦出版社,1990。

㉑ 天顺《宁波府简要志》卷一《舆地志·因革》,见《四库全书存目丛书》第174册,713页下,济南,齐鲁书社,1996。

㉒ 民国《定海县志》卷一《舆地志·建置沿革》,见《中国方志丛书》华中地区75号,42页,台北,成文出版社,1970。

㉓ 成化《宁波郡志》卷四《兵卫考》,见《中国方志丛书》华中地区496号,276~281页,台北,成文出版社,1983。

㉔ 天启《舟山志》卷一《兵防》,见《中国方志丛书》华中地区499号,65~67页,台北,成文出版社,1983。

㉕　康熙《定海县志》卷七《历朝艺文》，326 页，2006 年舟山市档案局馆整理本。

㉖　天启《舟山志》卷一《兵防》，见《中国方志丛书》华中地区 499 号，252～253 页，台北，成文出版社，1983。

㉗　康熙《定海县志》卷六《人物》，233 页，2006 年舟山市档案局馆整理本。

㉘　道光《昌国典咏》卷七《王氏复翁堂》，37a～39a 页，民国《金陵丛书》丙集本。光绪《定海厅志》卷九《人物》，13a～14b 页，光绪十年刻本。

㉙　天启《舟山志》卷一《兵防》，见《中国方志丛书》华中地区 499 号，8082 页，台北，成文出版社，1983。

㉚　康熙《定海县志》卷三《形胜》，88 页，2006 年舟山市档案局馆整理本。

㉛　《明神宗实录》卷一百八十四，3444～3445 页，台北，"中央研究院"历史语言研究所，1962。

㉜　《明熹宗实录》卷七十九，3859～3860 页，台北，"中央研究院"历史语言研究所，1962。

㉝　谢国桢：《明清之际党社运动考》，76 页，北京，中华书局，1982。

㉞　可参见［美］司徒琳著，李荣庆等译：《南明史：1644—1662》第三章，60～80 页，上海，上海古籍出版社，1992；顾诚：《南明史》第八、九章，252～310 页，北京，中国青年出版社，1997。

㉟　(清)黄宗羲：《行朝录》卷七《舟山兴废》，见沈善洪主编：《黄宗羲全集》第 2 册，175～178 页，杭州，浙江古籍出版社，1986。

㊱　(清)阮旻锡：《海上见闻录》卷一，见孔昭明主编：《台湾文献史料丛刊》第 24 种，6 页，台北，大通书局，1987。

㊲　康熙《定海县志》卷七《国朝遗文·同归大域碑记》、卷八《遗事》，346、399 页，2006 年舟山市档案局馆整理本。

㊳　康熙《定海县志》卷一《沿革》、卷八《遗事》，14、400 页，2006 年

舟山市档案局馆整理本。

㊴　《谢泰交奏议》，见《国家图书馆藏历史档案文献丛刊·清代（未刊）上谕、奏疏、公牍、电文汇编》第 1 册，357～411 页，北京，全国图书馆文献缩微复制中心，2009。

㊵　《世祖章皇帝实录》卷一百三十六"顺治十七年六月乙酉"条，见《清实录》第 3 册，1048 页下，北京，中华书局，1985。

㊶　《世祖章皇帝实录》卷一百三十九"顺治十七年八月丁亥""顺治十七年八月己丑""顺治十七年十二月丙申"诸条，见《清实录》第 3 册，1071 页下～1072 页上、1073 页下、1102 页上，北京，中华书局，1985。

㊷　康熙《定海县志》卷三《海防》，91～92 页，2006 年舟山市档案局馆整理本。

㊸　韦庆远：《有关清初禁海和迁界的若干问题》，见朱诚如、王天有主编：《明清论丛》第 3 辑，189～214 页，北京，紫禁城出版社，2002。

㊹　朱德兰：《清初迁界令时中国船海上贸易之研究》，见中国海洋发展史论文集委员会主编：《中国海洋发展史论文集》（二），105～159 页，台北，"中央研究院"三民主义研究所，1986。

㊺　康熙《定海县志》卷一《沿革》、卷八《遗事》，14、400 页，2006 年舟山市档案局馆整理本。

㊻　康熙《定海县志》卷二《舆图·防海记说》，52～54 页，2006 年舟山市档案局馆整理本。

㊼　康熙《定海县志》卷三《海防·沿海弭盗末议》，99 页，2006 年舟山市档案局馆整理本。

㊽　康熙《定海县志》卷五《名宦》，186～187 页，2006 年舟山市档案局馆整理本。

㊾　康熙《定海县志》卷六《人物》，245～246 页，2006 年舟山市档案局馆整理本。其中，"孙黉业"事迹乃康熙县志整理者自光绪《定海厅志》补入，其事见光绪《定海厅志》卷十《传二下·人物》，3b 页，光绪十年刻本。

(50) 康熙《定海县志》卷八《遗事》，400～401页，2006年舟山市档案局馆整理本。

(51) 康熙《定海县志》卷六《人物》，245页，2006年舟山市档案局馆整理本。

(52) 参见《圣祖仁皇帝实录》卷六十“康熙十五年四月壬戌”、卷一百二十“康熙二十四年三月己亥”、卷一百二十二“康熙二十四年九月乙酉”、卷一百二十二“康熙二十四年十月甲午”诸条，见《清实录》第4册，785页下、266页下、292页下、294页上，北京，中华书局，1985。

(53) 《圣祖仁皇帝实录》卷一百一十二“康熙二十二年九月乙丑”条，见《清实录》第4册，159页，北京，中华书局，1985。

(54) 康熙《定海县志》卷五《名宦》，188页，2006年舟山市档案局馆整理本。补自光绪《定海厅志》卷八《名宦》，14b页，光绪十年刻本。

(55) (清)缪荃孙:《定海遗爱录·录附·逸事》，7a～b页，光绪十七年《云自在龛丛书》本。

(56) 康熙《定海县志》卷七《国朝艺文·祭同归大域文》，347页，2006年舟山市档案局馆整理本。

(57) 康熙《定海县志》卷四《田赋·祀典》，139页，2006年舟山市档案局馆整理本。

(58) 光绪《定海厅志》卷八《名宦》，13b页，光绪十年刻本。

(59) James Cunningham, “Part of two letters to the publisher from Mr James Cunningham, F. R. S. and physician to the English at Chusan in China, giving an account of his voyage thither, of the island of Chusan, the several sorts of tea, of the fishing, agriculture of the Chinese, etc., with several observations not hitherto taken notice of,” *Philosophical Transactions*, 1753, pp. 1201-1209. 感谢科大卫(David Faure)教授惠示此篇重要史料。

(60) 康熙《定海县志》卷二《舆图·环海图记》，139页，2006年舟山市档案局馆整理本。

(61) 康熙《定海县志》卷三《海防·请复舟山议》，93 页，2006 年舟山市档案局馆整理本。

(62) 康熙《定海县志》卷四《田赋·田赋户口附》，111 页，2006 年舟山市档案局馆整理本。

(63) 康熙《定海县志》卷五《名宦》，186 页，2006 年舟山市档案局馆整理本。

(64) 康熙《定海县志》卷二《舆图·金塘山图说·附明臣请开金塘疏》，40～41 页，2006 年舟山市档案局馆整理本。

(65) 《圣祖仁皇帝实录》卷一百四十四“康熙二十九年二月辛未”条，见《清实录》第 5 册，590 页下，北京，中华书局，1985。

(66) 康熙《定海县志》卷三《山川》，55～66 页，2006 年舟山市档案局馆整理本。

(67) 同上书，67 页。

(68) 光绪《定海厅志》卷十四《疆域山川》，25a 页，光绪十年刻本。

(69) 康熙《定海县志》卷四《田赋》，124 页，2006 年舟山市档案局馆整理本。

(70) 赵尔巽等：《清史稿》卷四百七十六《列传二百六十三·循吏一·缪燧》，12977 页，北京，中华书局，1977。

(71) 康熙《定海县志》卷四《田赋·盐课》，115 页，2006 年舟山市档案局馆整理本。

(72) 康熙《定海县志》卷七《国朝艺文》，343 页，2006 年舟山市档案局馆整理本。

(73) 参见康熙《定海县志》卷四《田赋·盐课》，115 页，2006 年舟山市档案局馆整理本。

(74) 光绪《定海厅志》卷十《人物》，3a 页，光绪十年刻本。

(75) 康熙《定海县志》卷四《田赋·盐课》，115、116 页，2006 年舟山市档案局馆整理本。

⑯ 康熙《定海县志》卷四《田赋·关市·西洋船舶定贸易始末》，119～120 页，2006 年舟山市档案局馆整理本。

⑰ 康熙《定海县志》卷四《田赋·关市附·定海居民需用什物免税成案》，122 页，2006 年舟山市档案局馆整理本。

⑱ 同上书。

⑲ 康熙《定海县志》卷三《山川·渡》，80 页，2006 年舟山市档案局馆整理本。

⑳ 同上书。

玉　环

明朝将没江山乱，李闯争夺动刀兵。
天崖海角俱摇动，海洋强盗乱纷纷。
掳掠不闻男和女，烧杀何用富与贫。
温州总政无法治，文书投递乐清城。
令令告示墙上贴，限传地保各乡村。
近海居民遭贼难，遗界内地可安身。
任官判□各依从，谁人不愿贼相同。
各乡遗界俱不晓，西门遗界小芙蓉。
拆舍居房皆搬运，万物无存一山空。
海洋来了陈文达，烟基山顶立寨营。
……

——（清）郑茂国《西门志》

图 14　台州玉环岛

近年来，我与厦门大学张侃教授等学者在闽、浙沿海进行了多次实地调查和民间文献搜集。行走于这串岛链之间，我常常有一种朦朦胧胧的感觉，即不同海域的岛屿之间，一方面展现出社会过程的相似性，另一方面又凸显了具体海域文化的差异性。比如，在温州沿海及海岛考察中，我访问了不少由闽粤移民建构的海岛社区，岛上的方言、礼俗、民间信仰以及谱牒、科仪等文本样式，无不显露出强烈的闽粤文化色彩。许多时候，我可以毫不费劲地用潮汕方言与受访者自由交谈。但是，隔着不到半小时渡船距离的对岸陆地上，人们则使用完全不同的另一种方言。对于闽浙沿海和海岛的这种明显的方言差异，近现代地方志中也早有诸多叙述，然而对于这种方言格局的成因，常常语焉不详。

这触发我不断在思考：是什么样的历史过程和社会机制，造就了海岛特质的定居人群，他们如何构建定居聚落，组建家族组织和其他基于经济、信仰的社会组织，塑造着海上生计方式和岛屿社会生态。

在东南沿海社会史的研究中，学者们对省界与籍贯问题有不少重要研究成果。比如，杨国桢指出，海上社会组织的边缘认同是以海域为单位的，有别于陆地社会组织。[①]黄挺以明后期闽粤之交海域活动为研究对象，讨论了海洋社会群体的分类、地域关系和社群组织原理，并强调了海洋社群与陆上社群的密切联系。[②]对于16世纪闽粤交界海上活动人群的特质，陈春声认为，省界的存在对于官府行政和军事活动的制约作用，使具有"反官府"或"非官方"活动性质的人群得以利用这样的限制，在行政区域的界邻地方发展自己的力量，使界邻地区成为一个为其所用的具有完整性的区域。这也提示我们，作为社会史研究分析工具的"区域"，是与人的活动联系在一起的。③受这些研究的启发，本章以浙南乐清湾的海域历史为例，对王朝海疆经略与海岛社会变迁之关系，以及海域人群的籍贯特质问题试做探论。

一、黄岩十八大姓

从唐代到北宋，浙东南地区的造船业有了长足的发展。瓯江上游的深山密林盛产木材，为造船业提供了有利条件。④随着官营造船场的设置，明州和温州曾达到每年合造 600 艘船只的规模。南宋时期因粮运锐减，造船额一度下降，但每年除了大批战船修造任务，还有粮船岁额 340 只，仍位列全国前茅。⑤随着海上交通贸易的发展，私营造船业兴起，南宋政府一方面禁止州县非法科征民船⑥，另一方面又不时征调民船前往杭州湾及长江口等处守隘，民船的数量遂有增无减，温州所属四县共管民船达5 083艘，其中面阔一丈以上的有1 099艘。⑦南宋时温州船场已能根据图纸来建造船舶。元代初年，军队就曾乘坐温州等地所造战船渡海征讨爪哇。⑧

在元朝海上漕运兴盛的时期，温州地区再次成为海运重镇，《永乐大典》中所见《经世大典》记载元代至顺年间海运用船的数额如下：

今已至顺元年为率，用船总计一千八百只：昆山州太仓刘家港一带，六百一十三只；崇明州东西三沙，一百八十六只；海盐澉浦，一十二只……平阳瑞安州飞云渡等港，七十四只；永嘉县外沙港，一十四只；乐清白溪沙屿等处，二百四十二只；黄岩州石塘等处，一十一只；烈港一带，三十四只……⑨

据此可见，温州漕船数量曾到达年度用船总量六分之一的规模，其中又以乐清湾为最。《经世大典》还特别叙述了温州、台州地区征调船户承运官粮导致船户苦不堪言的情形，其中最典型的例子是温州路船户陈孟四，据说他将13岁的女儿卖与温州乐清县尉，得中统钞5锭，用以支应雇用船夫等费用。《经世大典》的撰者认为"此等船户，到此极矣"⑩。元代海运船户之苦固然可窥一斑，然而，如此艰辛的生计，非但没有船户大量逃逸，反而仍有成千上万人置身其中，想必有利可图。

宋元时期兴盛的海贸传统，不仅塑造了流动性极强的海上世界，也造就了滨海豪民的崛起。与温州乐清县毗邻的台州府黄岩县，"襟山带海，膏腴百万亩。其地日益垦辟，甍宇十万家，其民日益蕃庶。故凡赋输之富，倍蓰旁邑，诉牒之伙复绝浙地"⑪。宋元时期历任黄岩令在沿海水利特别是水闸的修筑上着力颇多，对农田开发十分重视。⑫宋代黄子约曾作《黄岩大家录》一篇，所谓"大家"，指的是活跃在乐清县、黄岩县一带的赵、黄、林、毛、盛、戴、丁、蔡、阮等大姓。据说当时有一绝句总括大姓名单："宋室传来十八家，左陈柔极派来赊，潘林於马裘毛盛，戴杜朱彭孔葛车。"⑬南塘戴氏是"大家"之一，嘉靖《太平县志》所录《戴氏始基祖》记载了南塘戴氏祖先的发迹过程：

> 南塘戴氏，祖初甚贫窭，操小舡取蛎灰海上。夜半泊浦潋门，见有鼓乐舡自海上来。比近岸，闻哭声，灯烛荧煌，就视之，乃空舟也。戴怵之，束火入舟中检视，金银货物以钜万计，中有香火祀铜马神。盖劫海贼舡，为敌兵剿杀，堕水死，独遗其舡在尔。戴取之，立族南塘，子孙富盛，过于泉溪，亦世世祀铜马神，俗呼为铜马神戴云。⑭

这类海上偶获珍宝的传奇故事，在滨海地域的人群记忆

图15 《温峤戴氏族谱》书影

图片来源：1994年版《温峤戴氏族谱》卷首《临摹太平温峤戴氏居
址图》。

中时常有之，其真实性固然令人生疑，不过大致反映了
戴氏先祖的海上活动传统(图15)。

温台地区的"大家"子弟，在宋元更迭的时代嬗变中
沉浮不一，据黄子约引故老之言，"江南多富家，水田
亘阡陌，美木数万章，家僮千百指。垣屋周遭，撞钟列
鼎，所居资地，与公侯相埒，谓之素封。……蒙古之

变，兵火连年，富室子弟逃窜转徙，强者去从军，带弓矢，犹冒官名为将军。弱者流落田间，不耐劳苦，死亡过半"⑮。与其他衰落的大姓相比，乐清戴氏在元廷统治时实现了成功转型，任海运千户，为官府运粮。对往来于东南海域的达官文武迎来送往，左右逢源。在元末，戴氏族人还派船护送南下征粮的户部尚书李士瞻到温州、福建沿海等地，李士瞻在《赠戴氏序》中盛赞了戴氏的高义。⑯值得一提的是，乐清戴氏与元末叱咤东南的方国珍势力之崛起有着密切联系。据《方寇始末》记载：

元至正戊子年杨屿方谷珍兵起。先是童谣云："杨屿青，出贼精。"已而谷珍生，兄弟三人，长谷珍，次谷璋，后避高庙偏讳，改谷珉，次谷瑛，咸有膂力，善走及奔马。一日侵晨诣南塘戴氏，借大桅木造舡，将入海货鱼盐。戴世宦，屋有厅事，时主人尚卧未起，梦厅事廊柱有黑龙蟠绕，屋为震撼。惊寤视之，乃谷珍，遂以女妻其子。⑰

至正年间，台州黄岩的方国珍集合了东南沿海及岛屿的众多山民、船户，雄踞海上，方氏与戴氏结为儿女姻亲，并在戴氏的协助下造船贩海，势力更得以提升。对于元末方氏据温时期与其他地方势力的纠葛分合及其对明初战事的影响，陈彩云已有详尽的讨论⑱，此不再赘述。

元初建立的海漕体制，容许两浙漕户通过夹带私盐等手段牟利，到了元末，由于负担繁重，很多船户贩盐逃役，遁为岛寇，从而形成方国珍等海上强大势力。明初编里甲，厉海禁，方氏旧部中船户众多，骤失暴利，遂有"兰秀山之乱"。明廷平乱后，方氏旧部被编入沿海卫所。⑲关于明初温台地区大族的不同遭遇，嘉靖《永嘉县志》叙述如下：

及皇明天兵南下，方氏归降，楠溪诸大族若戴希周、玄明、彦章、文奎、张伯韫、仲辉、谢德明、董孟明、孟夷、金伯仁、李士允，凡有职事者皆南徙。寻因逃归，或以事被诉于朝，皆坐罪谪，甚者抄没典刑。洪武十年春，朝廷差右参政同方明敏由鄞至台、温，起取旧食方氏禄者赴京，三郡行者万计。比到，置之扬州等域，每一名与兵后荒田五亩，设头目管辖，开垦耕种。彼三十年间，诸豪强一时窃位苟禄，及互相戕贼，卒致身家覆灭，子孙播迁。⑳

洪武时期的岛寇倭乱来自方、张余部，其籍入卫所者，安身于沿海州县，这批入卫军士与其他桀骜逋逃者，生命周期均在洪武末年结束，故沿海暂安。㉑这种情形更加促使了明廷将东南海疆经略转为防守。此外，从永乐《乐清县志》和嘉靖《筹海图编》(图 16)的相关记载可知，洪武二年(1369 年)和六年(1373 年)，倭寇曾两度

图 16 《筹海图编》书影

图片来源：(明)郑若曾：《筹海图编》，见刘鲁民主编：《中国
兵书集成》第 16 册，99 页，北京、沈阳，解放军出版社、辽
沈书社，1990。

洗劫温州永嘉、玉环滨海地区。洪武七年（1374年）平海后，朝廷在乐清湾一带兵防设置的战略意图非常明显，即以松门卫统辖的楚门千户所和隘顽千户所为骨干，锁住乐清湾的咽喉之地，复以楚门寨和十多个烽堠，散置于楚门半岛及乐清湾内诸岛，而把面积最大的玉环岛置于防守范围之外。㉒

　　前面章节提到的温州乐清湾"转岐"贸易的规模，不局限于东南岛际贸易，还连接着南中国海更为广阔的区域。即使在厉行海禁的明初，太祖对温州海贸也另眼相待。洪武二十年（1387年），温州民人买卖暹罗国沉香，本应以通番罪弃市，结果皇帝发话，"温州乃暹罗必经之地，因其往来而市之，非通番也"㉓，民人乃得宽释。尽管海贸传统未断，海上漕运亦继续依赖东南沿海的船民与船舰，直至永乐、宣德间，温州仍为重要的海舰建造基地。㉔然而，明帝国的海疆策略已经开始转变。

二、瓯海的神与贼

洪武二十年（1387 年），朝廷下令徙悬海居民于腹里，宋元时期设置于玉环岛的楚门海渡、天富北盐场盐课司、北监巡检司都被革去。此外，岛上始建于五代、宋元时期的寺院如福生院、福严院、谷顺院、灵峰院、普济院都因此废弃。㉕

据永乐《乐清县志》中的《里至》《山川》《古迹·乡社旧址》诸记述，可知明初以前玉环岛上设有玉环乡南、北二社，"洪武二十年徙悬海居民于腹里，其地今为荒墟"㉖。志中《坊郭乡镇·乡都》的记载，则反映了洪武海岛遭徙后的区划，新的玉环乡都图情况为：

玉环乡，里名三十三，竹冈、横山、樊塘、三山、芳杜、钱奥、徐都、蒲田、清港、渡头、田奥、枫林、小间、上湾、横塘、陈司徒、羊坑、鱼井、水动、章奥、陵门、后湾、江绾、骊头、芦殊、箸奥、炎奥、邢田、下奥、石龟、郑奥、庄头、金田北社。今管都三，计图三十三，三十二都管图十六，三十三都管图九，三十四都管图八。㉗

上述33个里名中，竹冈、横山、樊塘、三山、芳杜、钱奥、徐都、蒲田、清港9个里同见于另一个乡山门乡的里名中，这是否反映了当时徙民安插的情形，尚待考证，更待追述的问题是海岛人群的动向。

从明初至清初，王朝对于浙江海岛的整体经略，长期徘徊于弃与守的两难之间。部分岛屿较早被纳入海上漕运体系，后来逐渐难以控制；部分岛屿曾被纳入卫所军事管制体系，此后军卫趋于松懈；部分岛屿在历次征战后长期被弃守。从洪武十九年（1386年）开始，一部分海岛居民面对迁遣，就有留驻和开复海岛的要求，并非所有海岛居民都迁入内地。此点另有专文叙述。㉘永乐年间海上漕运体制逐渐被运河漕运体制取代之后，船户、军丁进一步失去从事海上漕运并挟私贸易之便利，许多人脱离了官府控制，或留居海岛，私垦私煎，舟随渔汛，收鱼盐之利，或串合入寇，航行于东亚海域，从事长途贸易。据嘉靖《筹海图编》载：

> 楚门所……南隔一小港为玉环山，周围百里，旧有民居。国初迁入内地台、温二境，乃贼去来泊船之渊薮也。对岸则温州府蒲岐所，近被势豪据以耕种。夫耕田则起屋，起屋则招贼。衅端虽不宜开，然当事者谁肯任怨哉？又由西北至太平城江下地方，谓之东门港，沿山滨海而行，山林密茂，水港出入。㉙

显然，自海岛徙民之后，玉环岛成了海贼来去泊船之渊薮。对岸的温州府蒲岐所则面临着垦田兴聚与清野防海的利益矛盾，沿山滨海地区的河港在军事防卫上也存在隐患。种种情势的演化，促成了成化年间太平县的设立。

在海岛弃守、沿海布防的同时，明初地方官的州县治理面临不少问题，永乐《乐清县志》所述明初知县宦绩，较多体现为对"僻居山海，素不服役"乃至"啸聚劫掠"的山民的剿抚善政。譬如，洪武三十年（1397年）任乐清典史、三十五年（1402年）升知县的朱约，洪武元年任县丞、后升浙江行省都事的袁英，就是典型官员。㉚

不过，直到宣德年间，治理效果仍不乐观。明代温州永嘉人姜准所著《岐海琐谈》搜集了不少温州地方掌故，其中一则叙及江西人何文渊任知府时的政绩，其文曰：

宣德庚戌，何公自宪台出守温，乐清为属邑，濒海之民去县远而罕至官府，若一闻呼召，则心魄丧失，潜匿窜伏，间有被获而至官。吏视之若(得)狼虎然，鞭笞之，禁锢之，或死于狱，或破荡产业，然后得释。以故民视官府如雷霆地域，不敢轻出。或聚徒抗拒，构辞连年，殃及无辜。㉛

另有一则名为《粒沙珍牙》的掌故，则讲述了温州卫军余黄三粮"怙势作威"，后来终被何文渊收拾的故事。㉜宣德、正统年间，温、台二府界邻山区的行政疲难愈演愈烈，特别是黄岩县，"民或依山傍海，呼召猝不能至，征徭赋役往往后时，甚或相率逃避，虽有贤守令，弗能治用"㉝。正统九年(1444年)，江西人周旭鉴任台州知州时，黄岩县"民性凶犷，尚告讦，俗小忿，动以兵斗。其豪黠者，把握官府短长，以张势射利。吏稍与龃龉，即群起媒蘖。以法褫职去者接踵"。周知州"力行政教，且爬梳其逸，蠹山海寇，出设方略，剿除殆尽……奏减军需，及风伤田禾，度逋税不能偿者，达于监司，议代以钞。编户赀产高下之数，悉籍记之，遇役则据以差其轻重"㉞，力求恢复地方秩序。

有鉴于温、台界邻一带治政疲难的情况，成化五年(1469 年)，朝廷从黄岩县分出于南部毗邻乐清县的三乡二十一都，设立了太平县。㉟对于这一番分县的举措，当时存在争议。譬如，时任按察司佥事的林克贤，就上书力言分县之弊，明代谢铎的《赤城后集》收入其《上分县封事》，该文阐述了二县徭役民更难应、西乡南乡不能相通而令民失教养、官府急功近利归罪于地方、新添事务必定累及商民、饥馑之秋追征钱粮以致窭政更张等五点理由。㊱一番博弈之后，太平设县得以实现，清代县志对此有一番记述：

立县之议，始于郡守阮公勤，以太平、繁昌等乡离黄城远八九十里，界连温属，征徭呼召，鞭长莫及。具奏添设县治。北山林给事克贤在都闻之，上封事，力言无故分割、重新经造分县不可者五。部已覆准，不能阻也。初议县立于半岭，距今治东南二十里地平旷处。继之又议在温岭，嫌水轻，兼迩海。故立百千山下。林氏老人私叹曰："泉溪立县，吾族子孙科第无望矣。"盖逆料后日筑城，其先坟墓来脉所在必有挖伤也。㊲

林氏叹惜风水受损之记载颇值得玩味。据林克贤墓表所述，林克贤一族来自福建，定居太平泉村已十几代。太平泉林氏是否就是《黄岩大家录》所提到的林家（按：《大家录》称"林即林伯和之族，里语云林有珠梅半横车浦，谓六族，皆同始基祖，而散居各处云"㊳），他们在明初地方扮演何种角色，与分县事又有何纠葛，还有待日后挖掘资料详加讨论。

成化五年（1469 年）分县后，第一任县令为常完，由江西彭泽调至，县治初设，经理营建悉出其手，未几，坐罢免去。第二任知县袁道，于成化十年（1474 年）来任，执政有方，上任之后审清冤案，颇得民心，当时"黄岩县有贼杀捕盗官姜昕者，民惊悸甚，相率据户竖白旗，几至激变"，"盗贼充斥，豪民持官府短长，武断乡曲以为利"。袁道劝谕乱民收旗归顺，行保伍法，纠察奸细，廉请耆宿，疏治迁浦，建闸兴水利。在一番励精图治之后，社会秩序得到安定，据说还吸引了乐清县民希望加入太平县。㊴ 于是，围绕新县的增扩，又有一番波折，据县志记载：

邑西乐清民闻其风，皆愿属焉。乃奏割东南凡六都隶吾邑，然不善。事上官府，符下，设有令，非其令违民好，公执而不行。郡守刘公忠憾之，欲以法中公，诇无他过。㊵

从这段记述来看，乐清东南六都割入太平县的方案，一开始没有获准，袁道本人也因此与上司交恶。然而，乐清割属在成化十二年（1476 年）终得实现。㊶如此看来，乐清割属的议题，几乎是在成化十年（1474 年）袁道上任伊始就开始运作的。至于其主要动力，是民心所向还是官场角逐，是太平扩县还是乐清推诿，大概就很难去细细追究了。

乐清六都割入太平县之后，新的都图编排也随之编订。㊷比较前引永乐《乐清县志》关于玉环岛迁徙后的玉环乡的都里名录，可以发现，此次太平设县只是将迁徙后的玉环乡全部划入，也就是说，玉环岛依然处于迁弃状态。

关于太平设县后的治理，嘉靖《太平县志》的纂者笔调较为奇特，他在《职官志》中对太平创县初期袁道等官员的施政表示肯定，同时也毫不隐讳地批评了成弘以后诸多官员短于吏治。㊸从太平泉林氏的例子中，我们可以粗疏摹绘一个地域图景，即从宋元到明，乐清黄岩界邻一带，包括白沙海以及黄岩海域的人群和社会，始终与王朝施治保持着不即不离的关系。太平县的设立表明了明廷的治理决心，然而，在不同层级的官员之间，以及地方势力与官府之间，还存在不少利益的纠葛，使得每次区划调整都存在争议。

从明初迁弃海岛，到明中期设立太平等滨海新县，明帝国的海防局势时过境迁，海上秩序亦愈发复杂。宋元时期，温州、明州的海上豪强在浙、闽海域叱咤风云，宋代文献称其为"温明之寇"或"北洋之寇"。例如，南宋真德秀的文集中录有《海神祝文》，其文曰：

> 比者温明之寇来自北洋，所至剽夺，重为民旅之害。舟师致讨，稍挫其锋，而余孽尚蓄也。傥弗即扑除，则其纵横海道未有穷已。某既大集官民之兵，俾往迹捕，然鲸波浩渺，实为危道，非神力助

顺，岂能必济?㊹

入明以后，倭患频发使得东南海防日趋紧张。据万历《黄岩县志》所述，明初沿海"沿海筑城置将，皆以备倭为名。弘治以后海澨无警，军民缓带咽哺，上下恬然，不以东夷为意，海防渐弛，而奸商钜贾阑出不禁"。嘉靖二年(1523 年)宁波"争贡"之后，明廷厉行海禁，倭乱问题则愈演愈烈，使得"襟连溟瀚，为倭帆必经之冲"的黄岩地区海防难以招架。㊺在倭乱与抗倭的历史过程中，浙南海域有一个突出的转变，即大量闽南人盘踞于此。嘉靖《太平县志》强调了这一变化：

> 昔之为寇，一谓倭也，今之为寇二，谓漳贼也，与导漳之贼也，而倭不与焉。㊻

《蒲岐所志》记载："嘉靖六年丁亥，闽广蜑丁泛舟寇境，备倭把总白文捕之。"⑰姜准在《岐海琐谈》中也记载了嘉靖年间倭乱之剧烈,如嘉靖三十七年(1558年)年初,倭寇攻打县城,四出焚劫,"至夏六月乃捆载而去。两乡死者无算,往往堙井为之腥"⑱。到了万历中期,沿海民众仍然闻倭色变,据姜准记载:

> 万历辛丑三月二十七日,有倭船二只,以风雾梢泊桐盘山,网墨鱼人被劫而归。永嘉场诸乡遂哄传倭警,居民奔避。各所及乡堡俱戒城守。越数日,蒲岐所报有异船在后塘行驶。又磐石卫关外望见苏州商船七只。群讹传倭至,溪乡、江乡、河乡居民多奔入府城。⑲

倭警之间,姜准所述聚落人居情形值得关注,首先是所谓"各所及乡堡",在磐石卫、蒲岐所这些卫城所城之外,乡堡之设是明中后期聚落变迁的突出表现。关于各乡堡的建造及规模，康熙二十五年(1686 年)刻印的《温州府志》有较详细的记载：

　　县后堡，在乐清县后，居民即旧城翼，其两旁附县城后；

　　鹗渚堡，在乐清十五都后塘，明嘉靖间知县欧阳震谕筑，周三百丈，门六；

　　寿宁堡，在乐清县窑岙，明嘉靖间邑人朱守宣倡筑，周五百丈，门五；

　　永康堡，在乐清县竹屿，明嘉靖间筑，周四百丈，门三，河洞三；

　　福安堡，在乐清县十七都濩前，明嘉靖间筑周四里，门四，水洞二；

　　宁安堡，在乐清县三都郭路，明嘉靖间筑……㊿

民堡的出现是地方武装大量兴起而且得到官方默许的结果。在万历"倭警"中，还出现了"溪乡、江乡、河乡居民多奔入府城"的情况，对于这些滨海沿江的居民来说，江海之交的世界尤其不太平，除了海上寇盗，还有江上豪强的威胁。据姜准所述，当时瓯江上还有一位赫赫有名的黄老爷：

> 瓯江入夜潮平际，辄有盗伙驾船摽掠，或往海口劫夺渔船。咸是乐清湖头黄姓族属，每自称曰"黄老爷"。人因所称目之，遂成贼号。张守国谦侦知为害，密访贼众若干，擒而治之，囊木于首，置诸江干，禁绝赍送，次第就毙。江中敉戢几二十载。[51]

其次，在倭警与战乱之间，社会日常生活的情态也值得考察。从嘉靖《太平县志》关于风俗嬗变的一些描述来看，从明中期到后期，温、台地区不论是聚落结构还是社会风气，都有了较大的改变。志中也提到"漳贼倭寇"造成的影响：

国初新离，兵革人少，地空旷，上田率不过亩一金……至宣德正统间稍稍盛，此后法纲亦渐疏阔，豪民率募浮客耕种，亩税什五，任侠之徒时时微官府短长，把持要结之……至成化、弘治间，民寖驯善，役轻省费，生理滋殖，田或亩十金。屋有厅事，高广倍常，率仿效品官第宅……正德中年以来，寖复贫耗，无高訾富人。郡西北界高山岭峻，溪流悍急，大商贾不通，又无薮泽之饶，特东南濒海以鱼盐为利，比年海舶被漳贼倭寇率亡其假贷母钱。⑫

前已提到，宋元至明代前期活跃于浙江海域的"温明之寇""北洋之寇"，其海上地位已逊于"漳贼"与"导漳之贼"，到了明中后期，浙南滨海沿江地区的水域日渐形成游离于官方控制之外的权势格局。

关于明中后期倭寇和海盗问题的产生与明朝海禁政策的关系，陈春声指出，明嘉靖至清康熙前期，东南沿海社会经历了急剧动荡、由"乱"入"治"的过程，原有社会秩序和地方权力结构发生了重大变化。嘉靖海禁的实施，正好发生于东南沿海商品货币关系空前发展，商人和地方势家力量增强，社会组织和社会权力结构转型的关键时期，从而引发了长达百年的东南"海盗"之患。从嘉靖后期开始，能够自由来往于海上，并操有实际海上利益的，绝大多数是违法犯禁的武装集团，其中又以活跃于广东、福建界邻海域的所谓"漳潮海盗"牵连最广，影响最深。[53]这一观点启示我们将海上动乱、海防政策与沿海社会的转型作为整体过程加以考察。对于乐清湾的寇乱新动向，嘉靖《太平县志》有一段重要的叙述：

凡漳贼与导漳之贼，率闽浙贾人耳。贾赢则以好归，即穷困则为寇，顾其人不皆武勇，然而官军恒畏之，罔敢与敌者。予尝备询其故矣，盖兵之所仰者食，或粮给不以其时则饥，又其人率以商贾为活，不闲操练，弱弓败矢，置之废橐，是教之不豫也；武职官皆生长兹地，素不能服属其众，是令之不严也。(54)

该志明确地指出，所谓“漳贼”和“导漳之贼”乃亦商亦寇的海上武装力量，海防军兵出于物资短缺，不得不倚仗于这股力量，遂造成地方海防的掣肘乃至实际运作的虚与委蛇。这种利益的关联，正折射出嘉靖中期以后寇乱与海上商贸的关系。寇乱不止，并非全然归咎于兵防之衰颓；滨海失序，也不一定导致海贸受阻。实际的情形或如地方志所言：

远而业于商者，或商于广，或商于闽，或商苏杭，或商留都。嵊县以上载于舟，新昌以下率负担运于陆，由闽广来者间用海舶。⑤⑤

这样的一个海上世界，为南明时期东南诸政权提供了海上割据的有利环境。

三、李卫与闽粤人

南明时期，东南诸政权利用了近海岛链在岛际贩运以及长途海贸方面的便利，隐匿追剿，争锋角力。贺君尧、张名振、黄斌卿等南明部将都曾盘踞玉环山，或劫掠，或征渔税。在这段"海上藩镇"⑤⑥时期，如玉环岛一般的近海大岛，成为海上兵家必争之地。据张麟白《浮海记》记载，顺治四年(1647年)贺君尧与张肯堂"联舻入浙，至温之玉环山——其故治也。洋中鱼利，不下万金；时值初夏，鱼船正盛，轻重税之，所得不赀"⑤。贺君尧在崇祯末年任温州参将，顺治三年(1646年)清军攻入温州后，逃海投奔鲁王部下周鹤芝，并随其入福建。后来在福建招募洋船50余艘杀回玉环，显然，玉环岛可观的渔税，是贺君尧据岛屯兵的资本。

到了顺治十二年(南明永历九年，1655年)，玉环山被陈文达占据，并成为郑成功海上"四屯"之一。所谓"四屯"，是指永历九年秋九月郑成功驻厦门(并改为思明州)后，部署各地驻兵，令"张煌言驻临门，陈文达驻玉环山，阮春雷驻楚山，牛头门亦宿劲旅，遥为犄角相声应"⑤。陈文达为温州人，清初活跃于乐清湾一带，蒲岐成为其造船基地。⑤据《蒲岐所志》载：

(顺治)十八年辛丑，郑成功寇党陈文达、阮禄掠边海村坊，朝议诏濒海居民入内地，至康熙十年旨谕展复故里。⑩

顺治十八年(1661年)迁界令的实施,针对的是清廷无法掌控的浙、闽岛寇势力。温、台一带的迁界,主要就是为了对付盘踞玉环岛的陈文达势力。在乐清湾沙门岛上,百姓手中流传着一本撰于晚清、题为《西门志》的长篇诗歌,其中叙及明末清初乐清湾之战事时写道:

明朝将没江山乱,李闯争夺动刀兵。天崖海角俱摇动,海洋强盗乱纷纷。

掳掠不闻男和女,烧杀何用富与贫。温州总政无法治,文书投递乐清城。

令令告示墙上贴,限传地保各乡村。近海居民遭贼难,遗界内地可安身。

任官判□各依从,谁人不愿贼相同。各乡遗界俱不晓,西门遗界小芙蓉。

拆舍居房皆搬运，万物无存一山空。海洋来了陈文达，烟基山顶立寨营。

交结姻亲蜒头寨，贼兵往来闹盈盈。每年贼母寿旦期，号跑连声震天门。

……⑥

据诗中所述情形，迁界令下达之后，海岛各乡面临突如其来的遭徙，居民骤然搬迁，互不知晓安插地点。乐清县在迁界中总计遭弃田地山池3 700多顷，迁移人丁近7万⑥，太平县迁弃田地山塘2 393顷⑥。在这一波大迁徙中，位于乐清沿海的盘石卫、蒲岐所、蒲岐后所这三座明代修筑的卫所城池也被废弃⑥，与海中诸岛一样，成为陈文达等枭雄安营扎寨之处。

清廷在顺治十八年(1661年)八月发出了安插迁界移民的指示⑥，实际的安插效果却不尽如人意。浙江巡抚蒋国柱在康熙五年(1666年)上疏称，浙江宁、台、温三府"界内荒田招垦九万余亩,尚有水冲沙压一十六万二千一百余亩,旧课未除,莫敢承佃,此界内田土之无征也"⑥。也就是说,界内土地本身就面临着赋役不清的困境。乐清县的情形亦不例外,该县在康熙二年(1663年)就出现了"遣徙扦界田地、丁口额数不符"的情况,官府有意"重行丈量",却面临"明季鱼鳞失籍,茫无考据"的窘境。⑥康熙初年,太平县的役困问题亦堪忧。⑥

这些迁界后出现的问题,说明了迁界令下的徙民安插,并不是在沿海府县赋役户籍已经整饬的基础上进行的,相反,滨海的迁界徙民与州县的秩序重建处于同一时态,在迁界之后兵荒马乱的情况下,土地实际占有格局的和赋役的具体征派,仍然十分混乱。

《西门志》中的"西门迁界小芙蓉",说的是西门岛的居民被安插到乐清芙蓉镇。关于迁界后芙蓉镇的状况,乾隆《温州府志·盐法志》有所记载:

康熙三年……温台各场地临滨海，顺治十八年间奉旨迁徙，界外灶无煎办，商无买补，前经盐臣萧震酌议，将温、台二所引商改于杭、绍二所买补行销……界内摊沙起灶之所，则有册报永嘉县之茅竹岭、瑞安县之飞云渡、乐清县之芙蓉岭等处。其灶丁之粮、地亩之税，俟奉旨开煎之日确有定数，照例派纳。⑲

显然，"界外灶无煎办，商无买补"的盐政困境，推动了官方在界内"摊沙起灶"的改革，其针对的人户，一部分即是自沿海及海岛安插而来的灶户。对于这一番盐法改革的由来，后世的光绪《乐清县志》有一段简扼的回顾：

国朝防海徙界，长林诸场灶丁不复烧煎，民食杭盐，价昂数倍，穷民每多食淡。自制台赵廷臣具题内地开煎，因之白沙、芳杜、大小芙蓉等处摊沙起灶，民不苦无盐……论曰：《易》穷则变，变则通。今法榷盐，盐商行远不行近，近民既不得买商盐，又不得自食其盐，即官府所食皆私盐也。律贯肩挑、背负而逻者率执之。顾鬻法纵稛载者，徒困民而利盐捕耳。盖通之以盐票乎，出境执之可也。⑦

穷则思变，"摊沙起灶"主要是以界内开煎为主题的、安插迁界灶户的权益应对，这一调整思路继续突破，则促成了"盐票出境"的改革。这一类的新政策在黄岩县、太平县一带也得到了不同程度的实施，据康熙《太平县志》载：

平邑编立里递，各有一定赋税，轮役催办。今请于每递中各立盐户一名，给腰牌，令赴场与旧盐户一体煎烧。更拨外郡之巨商赍引至场，支递户所煎盐，估值投县算，销其额赋。以惠民，以足国，以通商，一举而三，善备矣。⑦

有了"腰牌"，新立的盐户得以随旧盐户同往盐场煎烧，所煎之盐也得以抵消其田赋之额。

整体上看，顺治十八年(1661年)迁界后，滨海地方实际的赋役、盐政困境触发了役法和盐法的改革，实质上也促成了复界的渐次展开。黄岩县、太平县的邻县临海县，渐次复界的趋势就十分明显，据康熙二十二年(1683年)《临海县志》称：

> 国朝顺治十八年，沿海扦遣都十有九，图五十。康熙十年展界复图三十有七……始因寇警而扦遣，继因民穷而复界，不十年间已复十之七。海波渐平，将来势必全复。⑦

浙江沿海及岛屿的展复是一个渐进的过程，并非一蹴而就。太平县"自康熙八年展复，弛前禁，边民仍归外地筑室垦田，康熙十年审编……康熙二十年界外开荒成熟者是约十之九"⑦，到了康熙二十二年郑克塽投诚之后，复界全面展开，其时楚门一带尚属荒涂。到了雍正年间，自明初被迁弃、一直孤悬海上的玉环岛，终于设置了行政区划，雍正六年（1728 年），"总督李卫题准展复玉环山，设玉环同知，析太平二十四、五、六等都原属玉环乡地以附益之"⑦，正式成立了玉环厅。

雍正十年（1732 年）修纂而成的《特开玉环志》，不仅记载了新设玉环厅诸建置，还保存了玉环展复过程的题奏批复文书，呈现了展界的复杂过程及所涉问题。在这些文件中，李卫的题本详述了玉环设厅的必要性和复杂性，其中写道：

> 台州府属太平县及温州府属乐清县之间，海滨
>
> 不远之处，有一玉环山，地方辽阔，自从前迁界，

弃置海外，无籍游民多潜其中，私垦田亩，刮土煎盐，及网船渔人搭寮住居，渐次混杂，久必不宁。虽经禁逐，仍恐朝驱暮回，致酿后患，即有拨兵游巡，亦恐通同容隐。……玉环虽孤悬海面，然由彼而之内地，各有港口。……又各岙口有潮水浸灌成滩者，尚可煎盐。……从前督抚诸臣非不见及于此，而究未议作何保安者，一则恐外来认垦之徒奸良难辨，一则恐垦熟之日私米下海，一则恐添设官兵所费不赀故也。今臣等愚见以为，认垦若听其四方纷杂而来，实难稽查。方今生齿日繁，即以浙地而观，良有人多地少之势，莫若就本省近地之民或有室家而愿往者，或虽无室家而有亲族的保者，皆由该本处地方官召募取结给照方准往垦，到彼仍严行保甲，连环编牌，稽查窝隐，其他闽、广无籍之人概不收录，则奸良不难分晰矣。⑮

李卫的题奏有很大篇幅是针对复界后如何招垦的问题。他在奏疏中多次指出，闽、广无籍之徒的冒垦，就是导致奸良杂处之祸端，因此李卫坚持"必查明实系太平、乐清两邑籍贯无过之人，取具本县族邻保结移送，该令给与印照，计口授田。一切闽、广游惰及曾有过犯者，概不准其保送"⑦。

之所以限定太平、乐清两县人户入垦，显然是因为玉环厅乃分太平、乐清之地而合成，此次开界，自然首先照顾被遣之民。不过，迁界的过程看似统一步调，而复界安插过程却颇为混乱，不是简单的迁界的反过程。实际的情况是，"彼富豪势力之家，本土有田可耕，有庐可居，断不肯挟妻子亲戚，舍旧图新，反事旷闲之地，不过假立垦户，招雇工人代为力作。若辈往来无常，既不同于土著之垦户，兼并营私，反令无业穷人不得藉力耕以自给，殊非广土利民之计"。一旦入垦之人来去无常，人户不定，则官方无从管控。因此，李卫又担心"若限定二县之民，或致招徕不广"。然而，新治确立，箭在弦上不得不发，如果招垦效果不佳，则难以支撑民政军事。于是，李卫又提出"如本省各府属县相近之处，有愿入籍开垦者，照例于本地方官取结移送，必须居住玉环，编入保甲，毋许往来不常。其外省远处之人，仍行禁止，则户口得实而藏奸无所矣"。⑦

李卫的谋略可谓费尽苦心，周划甚详，清廷也照准其题奏，各项施政提上日程。从李卫关于入籍认垦问题的纠结陈述中，我们也有兴趣进一步追述玉环设厅后的人地关系之演进。

如前所述，玉环展复之际，面临着无籍游民私垦私煎、网船渔人搭寮杂处的人居情境。康熙四十二年(1703年)任浙江巡抚的张泰交就发现：

今玉环、东洛、南鹿诸山，皆有外来之人搭盖茅厂，去来不定，飘忽无常。其间奸良莫辨，保无

有匪类潜藏，贻患地方，或接济贼艘者乎。访得此
等流寓无籍之人，营弁之不肖者私收租钱岁纳若干
为例，贪小利而忘大害。⑧

这里提到的东洛岛位于闽北近海，南麂岛则位于温州飞
云江口以东 30 海里处，这些面积较大的海岛上普遍存
在外来之人搭厂寮居的情况，官军也都习以为常，从中
渔利。

其实，东南近海岛链向来都是浙、闽、粤渔民的共
同作业区域，在这个流动性极大的海上世界，其社会节
奏也从来与陆地的定居社会迥然不同。譬如，在玉环岛
的石塘岙内，"闽人搭盖棚厂一十四所，每年自八、九
月起至正、二月止渔汛方毕各船始散，各厂亦回。……
又有钓艚，悉属闽民，船系租用，水手亦系顶替，人照
面貌，俱不相符，倏泊坎门，倏泊石塘，往来无定，并
不遵奉宪行船傍实刊字号，止用小板浮钉"⑨。在清初迁

界、厉行海禁的岁月里，越界捕鱼的例子也是层出不穷，生活于顺治、康熙年间的浙江人徐旭旦就曾写道："今日海水温、台、宁三府之边界，袤延数千余里，一口出一人，百口出百人矣，一口出一船，百口出百船矣，欲从而禁绝之，不可得而禁也。"⑩待到玉环设厅之际，官方对海岛的查勘也更加深入。雍正五年，张坦熊受命署太平县印，兼理玉环垦务，他在详文中便写道：

> 各岛之棚厂宜稽也。查黄坎门、梁湾、大麦屿、东白、三盘、鸡冠、冲担、石塘、虾蟆等处，搭有棚厂百余，采捕鱼虾做鲞晒皮，杉板船只市卖贸易者，不下千余人。因念若辈在呑谋生已久，不便遽绝其业，若漫无稽查，听其多人混杂，又恐易藏奸匪。……
>
> 渔船之稽察宜严也。查黄坎门、梁湾、乌洋、鸡冠、石塘、东白、三盘等处，闽、浙两省之人船

只数百，往来错杂。春夏网鱼打鳅，秋冬捉蛇钩带，其初不过挟网罟微赀，冀其厚利，一遇风潮吹散渔汛，遂有不可问者。海洋不靖，多由于此。而闽省之钓艚船为尤甚。但闽人以渔为生，玉环周匝洋面，船只甚多，似难概为禁绝。……㉛

张坦熊的描述显然较李卫更为具体，也道出了闽广之人长年于此杂居谋生，难以禁绝的实情。

从迁界到展界的几十年间，清廷在东南沿海及岛屿的施治，其实面临的是同样的海上社会格局。长期活跃于浙闽海域的闽粤之人，在官方厉行海禁之时自然成为无籍之徒，待到清朝下令展复沿海，早已在明初弃守的海岛一并列入展复方略，而在运作层面上则亟须解决海上人群的身份问题。

清廷在王朝统治的意识形态上，本希望拒绝这些无籍之徒，然而，在展复后的地方施政上则有赖于各府州县在户籍登记和钱粮征收层面的稳定运作。如何招徕民众到海岛认垦入籍，实现户口和土地的顺利登记和有效管理，是令地方官十分头疼的问题。面对海岛土田、聚落早已被各式人群占有的既成事实，在缺乏故有簿册的情形下，尽快认垦造册，或许比辨明忠奸再定户落籍更易操作。官方的题报奏覆文书，自然都是以严肃的措辞厉行禁饬，然而字里行间亦留下不少政策余地。例如，雍正六年（1728 年）浙江布政司收到张坦熊造送的"上年垦过田地，收过租谷、渔盐税课及支用存贮各数目简明清册"㉒，就严饬地方稽查冒籍之事端，其文曰：

从前潜入玉环台、温偷垦私煎之人，作何禁逐安插。据该丞申称：卑职上年奉饬到山，查偷垦私煎之人，内有闽省民人五十四名，当时驱逐出境，不许容留在山；内有温、台两府属县民人，俱经移关各地方官查明并无假冒，取有亲邻族保甘结，准其入籍等因。现在严饬该丞悉力稽察，倘有此等闽、广民人潜入玉环偷垦私煎，即时禁逐安插，仍招徕台、温二府属县民人报垦，取具地方官并无假冒印甘结详送，查编入籍。如闽、广之人冒籍捏名并曾有过犯者，地方官不行详查，混行移送，以致户口无稽，课税缺欠，及妄生事端，照依原题，将原送并验收各官详参议处。⑧

此番叙述颇值得玩味。若严格执行政策，要地方官认定招徕民人来自台、温二府，所需要的工作量显然不可低估。但实际情况是，在稽查中被驱逐出境者仅有数十人。不难想象，许多闽、广民人可能早已通过各种方式获得入垦的资格。

张坦熊在执掌玉环垦务的过程中，主导了私垦钱粮以"隐漏"税项归入玉环课饷的改革，对入籍政策也逐步放宽。张坦熊所撰《查出隐漏改征本色》一文颇为重要，其中指出：

复量度形势，因地制宜。伏查玉环乡附近楚门之东岙、芳杜、田岙、密溪等处，与玉环仅隔一港，实玉环山紧接后路，为垦民往来之要道，所系綦重。其民间始而私垦，继而逐年报升之条丁粮米，与查出隐漏之课饷数目适相符合。请将附近之数处仍归复玉环旧日之都分，庶便就近稽查，改征本色，以济饷糈。将查出隐漏之课饷归补太平，以符原额。总之，玉环半壁本属太平，原无彼此之别。今所有现在闽省人民六十余口，除搬有家室住居十年以外者，准其入籍，一体编入保甲，不时严行稽察，其无籍之徒概行驱逐，俾玉环山之后路为之一清。㉟

闽省之人居住 10 年以上即可入籍编甲，这一政策如何具体执行，居住年限如何认证，给人留下了相当大的想象空间。

在楚门半岛和玉环岛的考察中，我们从搜集到的谱牒文献中发现了一个有趣现象，即不少闽籍姓氏关于祖先入垦楚门和玉环的记载，呈现出相似的叙述结构，此引若干谱序为例：

> 我罗氏世居闽省汀州府永宁县，自三世祖万球公兄弟三人避乱，移迁温之平阳县赤垟，迨四世祖金英公闻玉环展复之令，遂挈眷来玉开荒报垦，而居于大普竹布袋岙南山。㉟

> 我家苏氏原籍福建漳州府龙溪县南门外员山头，其先则自泉郡安溪分派者，此际世系无稽。至祖号南泉公，传允祖、允佃二公。允祖公生我高高祖，昆季有三，长常山公，次东山公，四璧山公。

允佃公生连山公，行独居三，时以齿序也。明季遇乱，我祖东山公偕兄弟及其叔父允佃公，携眷至温州平阳蒲门，而常山公子渊明公择居三十一都兰松洋夏井村，东山公择居五十三都下魁村，连山公择居二十八都宕顶村，惟璧山公独往江西，不知里居。窃念我祖流离迁徙，保有家族，今距槐才八世耳。其在平邑居住者，生齿已不下千余人，其间至我父文廷偕胞叔文元自平邑迁玉环三合潭住居，又经六十余载矣，而房亲同来散处玉环不一，其方且而来，族叔世杰自玉环复移宁波。⑯

始祖讳有春，字明台，闽同安佛子冈岭下人也。明崇祯年间，迁居浙东瓯平邑妃艚东山之麓曰潘处而家焉。天祥厥允，孙支蕃衍，传至四世，半徙玉环，而卜宅于楚门所者为最多，故俗云叶半城也。其余象山青田等处四散者，亦复不少矣。嘉庆乙丑纂成谱牒，历经四十余年。⑰

　　维我平邑始祖荣所公，闽省泉州惠安大平庄里人。明崇祯年间，卜居平邑横阳江南二十三都将军里百家湾，开基且未百年，世传五代。缘雍正年间玉环展复，谕示招徕，太祖讳文哲公之次男讳景凤公闻风随往玉环地方观境，旋至江北楚门，识其地旷人稀，即返故里向告父尊，相议变产，仅留屋宇基址六分五厘，嘱托房分兄弟历年基租出息，作祭祀祖坟之用，誓许宏愿，遂携男女老幼迁居环山江北楚门所西山之前，于雍正八年垦筑田地，躬耕务业，室家顺遂。⑱

　　所幸存而考者，有森鸣公自闽省永春溪塔居住，后来浙迁平阳南港，择处归仁乡三十三都仲林村凤池里牛尾山，承前启后……爰整羁旅，聿来胥宇。清雍正十一、二年间乃迁玉环二都三峡潭地方居焉。夫天赐公原与平邑元礼公亲堂兄弟也。彼时地旷人稀，平族相率来居，故宗谱久废，殊不知元礼公是何公派下。⑧⑨

自公考兄弟立成、立宽、立智三公初迁于平邑岭门，时贸易蒲门马站街，不数载被海寇屈累，案害莫羁。公考立智公转徙玉环十三都芦岙之地居焉。询其措业几何，公曰：玉环基址自吾先考始也，但地当海水冲流，非筑堤不能拓。吾先考沾体涂足，独力支干，爰开乌巾塘、垟西塘之地百余亩，置此薄业，家给颇裕。⑨

以上谱牒撰述，都突出了入垦玉环（楚门）的闽省移民曾以温州府属县平阳、瑞安或台州府属县作为迁居"中转站"的情节。这类撰述结构，还出现在于楚门林氏⑨⑪、楚门吴家村吴氏③②、玉环后排黄氏③③、玉环三合潭谢氏③④等姓氏的家谱中，相信同类现象还可以找到不少。这些族谱以明确或模糊的语句，记录了入籍年份，或以明后期平阳始迁祖，历数三四代，说明康雍之际始至玉环（楚门）开基，或直接写明其始迁祖系雍正后期到玉环应垦入籍。另外，还有一类浙南地区的联宗谱，如上述楚门《林氏宗谱》、瑞安《蔡氏宗谱》以及玉环《江夏黄氏宗谱》③⑤等，其世系支派繁多，但叙及玉环楚门支派时，一般也会强调其开基时间。还有一个值得注意的现象，即不少谱序都表述了玉环（楚门）支派与平阳、瑞安支派长期"失联"，随后才逐渐寻宗合谱的事实。

对于民间社会来说，除了需要以各种方式获得合法的户籍、得到官方的政策认可，还可能因实际土地利益的竞争结成各种组织。《西门志》长诗中就写道：

　　　　随后有人来开垦，不约而来禁姓人。叶施朱黄乐清祖，林郑吴胡太平人。

八姓相逢情欢悦，如兄如弟倍相亲。事斟酌
共商量，立写公据要周详。

只许进山同开垦，不准退悔转还乡。毋许谅想
并利己，八股开山世泽长。

开成山地能播种，皆种萝卜与生姜。后种蕃薯
兴大发，丰衣足食岁无疆。

到雍正　二年昌，上司限落地丈量。始立化户
千百号，新造册籍纳钱粮。

七年续丈广户额，岁岁报垦自新粮。到乾隆
第六年，五谷丰登无渔船。㊱

可以看到，在乐清湾的复界垦殖过程中，乐清、平阳籍
的一些垦户采取了合股经营的方式，通过缔结契约结成
了进岛同垦的协议。诗中所叙事件编年也颇为清晰，强
调了雍正二年(1724 年)官府丈量西门岛之前，八户已经

缔约入垦，雍正丈量后立户造册之后并继续报垦。"五谷丰登无渔船"一句则耐人寻味，其用意是叙说土地垦发过程，即由前期航行登岛进行滩涂或沙田作业，到后期田地拓展，堤围成型；也可能是讲述聚落变迁过程，即此前八股垦户及其他外来垦户主要为船户，如今岛上生齿日繁，衍为农耕定居户，抑或二者兼而有之，还有待研究。

浙江图书馆古籍部藏《玉环大筇岗戴氏宗谱》钞本，载录清代族人戴明俸所撰《开复玉环伊始事略》一文，简述了闽粤垦户与乐清垦户在玉环展复后的报垦竞争，其文曰：

雍正三年（乙巳），有平阳县籍之（闽音）华文旦、姚云者率众六十余人，赴我邑主，告复玉环之土田，拟据而有之。时江南含山张公世锡抚莅兹土，（华、姚等）以千一百金托垦书陈良佐转致邑尊，嘱其详请，先进金七百。议以玉环虽隔一江，声息相通。正在缮文间，邑尊奉参谢事矣。文旦等又赴福建，觇知吾大房云峰哥虽经告致，因第三子天荣犹仕闽，故羁留省会。文旦等复以千金托兄于制台觉罗满保前，请准题复。制台覆函云：查衢山、临门停止开复，曾经浙抚法海题覆有案，未便开复。文旦等竟夥党先在玉环偷种，将玉环隐讳，改以塘垟出名，呈恳本邑接任县主江南宣城人张公仕骧，为之详准。会发觉，赴玉环亲勘，始悉其伪，转详销案。次年，浙抚李卫查浙……㊿

从这段叙述可知，平阳籍闽人在玉环展复前夕早已动作频频，冒垦案件牵涉了中央到地方的各级官员。玉环开垦事还与整个浙东沿海岛屿，如舟山群岛的衢山岛、台州临门岛的整体垦荒政策动向密切相关。此外，这篇事略后半段还讲述了玉环展复后建筑楚门内塘的经过，当时编九柱，立柱头，采用"每柱垦田民夫二十人……塘夫按工给以食米盐蔬，塘成依柱按人给田"的办法进行农田水利建设和田地分配。文中还列出九柱柱头的姓名，其中有"八柱吾族弟戴良音，九柱平阳人姚云"，雍正三年(1725年)冒垦案中的相关人物姓名赫然在列。

郑振满曾专门讨论了清代台湾的合股经营现象，他指出，在经商、航海等风险较大的经济事业中，合股经营历来都是颇为盛行的。清代台湾的开发过程中，曾经有效地采取合股经营的形式，组织较大规模的开垦及农田水利建设。清代后期，这种合股经营的组织形式已经遍及台湾城乡各地的不同经济领域。合股经营的形式与规模纷繁复杂，一些租佃型的合股经营直接投资于土地开垦与水利建设，对于提高农民的经济独立性、促进农业发展具有积极意义。也有不少商人借助合股经营投资于土地，参与寄生性的地租剥削，商业资本与土地资本形成了牢固的结合，延缓了地主土地所有制的解体过程。⑱从乐清湾开发的过程中，我们可以看到，合股经营的动力在开发初期可能源于海岛的草莱初辟、垦户的势单力薄，然而随着垦殖的推进、利益的纷争，合股经营的组织形式和经营形态很快会产生新的变化，并对海岛的土地开发秩序和官方的政策产生影响。陆续垦荒过程中的人群关系，比我们想象中更为复杂。通过对更多的民间文献的深入考察，我们可以对清代海岛垦辟的社会机制有更丰富的理解。

注　释

①　杨国桢：《籍贯分群还是海域分群——虚构的明末泉州三邑帮海商》，见福建省炎黄文化研究会等主编：《闽南文化研究》，431～442页，福州，海峡文艺出版社，2004。

②　黄挺：《明代后期闽粤之交的海洋社会：分类、地缘关系与组织原理》，载《海交史研究》，2006(2)。

③　陈春声：《16世纪闽粤交界地域海上活动人群的特质——以吴平的研究为中心》，见李庆新主编：《海洋史研究》第1辑，129～152页，北京，社会科学文献出版社，2010。

④　周厚才：《中国水运史丛书：温州港史》，5～6页，北京，人民交通出版社，1990。

⑤ (清)徐松辑:《宋会要辑稿·食货五十》,5659 页下、5662 页上,北京,中华书局,1957。

⑥ (清)徐松辑:《宋会要辑稿·刑法二》,6564 页上,北京,中华书局,1957。

⑦ 《开庆四明续志》卷六《三郡隘船》,见《宋元方志丛刊》第 6 册,5992~5993 页,北京,中华书局,1990。

⑧ 周厚才:《中国水运史丛书:温州港史》,14 页,北京,人民交通出版社,1990。

⑨ (明)解缙等编:《永乐大典》卷一万五千九百四十九《元漕运二·经世大典》,见《四库全书存目丛书补编》第 71 册,146 页,济南,齐鲁书社,2001。

⑩ 同上书。

⑪ (宋)蔡范:《黄岩知县续题名记》,见(宋)林表民辑:《赤城集》卷四,嘉庆二十三年临海宋氏刻本。

⑫ 万历《黄岩县志》卷一《舆地志上·水利》,见《天一阁藏明代方志选刊》第 18 册,21a~21b 页,上海,上海古籍书店,1963。

⑬ 嘉靖《太平县志》卷八《杂志·大家录》,见《天一阁藏明代方志选刊》第 17 册,16b 页,上海,上海古籍书店,1963。

⑭ 嘉靖《太平县志》卷八《杂志·戴氏始基祖》,见《天一阁藏明代方志选刊》第 17 册,17b 页,上海,上海古籍书店,1963。

⑮ 嘉靖《太平县志》卷八《杂志·大家录》,见《天一阁藏明代方志选刊》第 17 册,16b~17a 页,上海,上海古籍书店,1963。

⑯ (元)李士瞻:《赠戴氏序》,见李修生主编:《全元文》第 50 册,200~201 页,南京,凤凰出版社,2004。

⑰ 嘉靖《太平县志》卷八《杂志·方寇始末》,见《天一阁藏明代方志选刊》第 17 册,18b 页,上海,上海古籍书店,1963。

⑱ 参见陈彩云:《元代温州研究》,392~413 页,杭州,浙江人民出版社,2011。

⑲ 参见陈波：《海运船户与元末海寇的生成》，载《史林》，2010(2)；陈波：《兰秀山之乱与明初海运的展开——基于朝鲜史料的明初海运"运军"素描》，见郭万平、张捷主编：《舟山普陀与东亚海域文化交流》，44～58页，杭州，浙江大学出版社，2009。

⑳ (明)王叔果、王应辰编纂，潘猛补点校：嘉靖《永嘉县志》卷九《杂志·遗事·楠溪据守始末》，179页，北京，中国文史出版社，2010。

㉑ (明)郑晓：《吾学编》卷六十七《皇明四夷考上卷·日本》，366页，明隆庆元年郑履淳刻本。

㉒ 永乐《乐清县志》卷四《军卫》，见《天一阁藏明代方志选刊》第20册，22b～23a页，上海，上海古籍书店，1964；(明)郑若曾：《筹海图编》卷五《浙江倭变纪》，见刘鲁民主编：《中国兵书集成》第16册，411页，北京、沈阳，解放军出版社、辽沈书社，1990。

㉓ (清)张廷玉等：《明史》卷三百二十四《列传二百十二·外国五》，8397页，北京，中华书局，1995。

㉔ 参见陈彩云：《元代温州研究》，101～102页，杭州，浙江人民出版社，2011。

㉕ 永乐《乐清县志》卷四《廨舍》、卷五《寺院》、卷六《古迹》，见《天一阁藏明代方志选刊》第20册，17b、20a～20b、21a～21b、33a～37b页，上海，上海古籍书店，1964。嘉靖《太平县志》卷八《外志·古迹》，2a页，上海，上海古籍书店，1963。

㉖ 永乐《乐清县志》卷一《里至》、卷二《山川》、卷六《古迹》，见《天一阁藏明代方志选刊》第20册，2a、9a～10b、16a～16b页，上海，上海古籍书店，1964。

㉗ 永乐《乐清县志》卷三《里至·坊郭乡镇·乡都》，见《天一阁藏明代方志选刊》第20册，3a～4b页，上海，上海古籍书店，1964。

㉘ 谢湜：《明清舟山群岛的迁界与展复》，见《历史地理》编辑委员会编：《历史地理》第三十二辑，80～98页，上海，上海人民出版社，2015。

㉙ (明)郑若曾：《筹海图编》卷五《浙江事宜》，见刘鲁民主编：《中国

兵书集成》第 16 册，458～459 页，北京、沈阳，解放军出版社、辽沈书社，1990。

㉚ 永乐《乐清县志》卷七《宦绩》，见《天一阁藏明代方志选刊》第 20 册，6b～7a 页，上海，上海古籍书店，1964。

㉛ (明)姜准著，蔡克骄点校：《岐海琐谈》卷三第七八则《何公守温》，40 页，上海，上海社会科学院出版社，2002。

㉜ (明)姜准著，蔡克骄点校：《岐海琐谈》卷三第七九则《粒沙殄牙》，40 页，上海，上海社会科学院出版社，2002。

㉝ 嘉靖《太平县志》卷一《地舆志上·疆境·章恭毅公纶新建县治记》，见《天一阁藏明代方志选刊》第 17 册，2a 页，上海，上海古籍书店，1963。

㉞ (明)费宏：《太保费文宪公摘稿》卷十六《浙江右参政知台州事周公传》，见《续修四库全书》第 1331 册，581～583 页，上海，上海古籍出版社，2002。

㉟ 嘉靖《太平县志》卷一《地舆志上·沿革》，见《天一阁藏明代方志选刊》第 17 册，2a 页，上海，上海古籍书店，1963。

㊱ (明)谢铎辑，徐三见点校：《赤城后集》卷三《林克贤上分县封事》，见《台临历史文献要集丛编之一：赤城集、赤城后集》，316～319 页，北京，中国文史出版社，2007。

㊲ 嘉庆《太平县志》卷三《建置志·城池》，见《中国地方志集成·浙江府县志辑》第 50 册，83 页上，南京、上海、成都，江苏古籍出版社、上海书店、巴蜀书社，1993。

㊳ 嘉靖《太平县志》卷八《杂志·大家录》，见《天一阁藏明代方志选刊》第 17 册，16b 页，上海，上海古籍书店，1963。

㊴ 嘉靖《太平县志》卷四《职官志上·职官名氏·知县》，见《天一阁藏明代方志选刊》第 17 册，2b～3a 页，上海，上海古籍书店，1963。

㊵ 同上书，3a 页。

㊶ 嘉靖《太平县志》卷一《地舆志上·沿革》，见《天一阁藏明代方志选刊》第 17 册，2a 页，上海，上海古籍书店，1963。

㊷ 嘉靖《太平县志》卷二《地舆志下·乡都》，见《天一阁藏明代方志选刊》第17册，15b～16a页，上海，上海古籍书店，1963。

㊸ 参见嘉靖《太平县志》卷四《职官志上·职官名氏》所列刘用、樊轩、罗政、吕川、邹山龄、刘友德诸传，见《天一阁藏明代方志选刊》第17册，3b～5b页，上海，上海古籍书店，1963。

㊹ (宋)真德秀：《西山文集》卷五十四《海神祝文》，见《文渊阁四库全书》第1174册，858页，台北，台湾商务印书馆，1986。

㊺ 万历《黄岩县志》卷七《外志·纪变》，见《天一阁藏明代方志选刊》第18册，22b～23a页，上海，上海古籍书店，1963。

㊻ 嘉靖《太平县志》卷五《职官志下·兵防·军政考格》，见《天一阁藏明代方志选刊》第17册，13a～14b页，上海，上海古籍书店，1963。

㊼ (清)倪启辰：《蒲岐所志》卷下《杂志·寇警》，59a页，温州图书馆藏清光绪钞本。

㊽ (明)姜准著，蔡克骄点校：《岐海琐谈》卷九第三〇三则《乐清御寇》，152页，上海，上海社会科学院出版社，2002。

㊾ (明)姜准著，蔡克骄点校：《岐海琐谈》卷九第三〇八则《讹传倭至》，155页，上海，上海社会科学院出版社，2002。

㊿ 康熙《温州府志》卷五《城池》，温州图书馆藏康熙二十四年刻本，页码残缺。

(51) (明)姜准著，蔡克骄点校：《岐海琐谈》卷九第三二六则《贼盗黄老爷》，162页，上海，上海社会科学院出版社，2002。

(52) 嘉靖《太平县志》卷二《地舆志下·风俗》，见《天一阁藏明代方志选刊》第17册，19b～21a页，上海，上海古籍书店，1963。

(53) 参见陈春声：《嘉靖"倭乱"与潮州地方文献编修之关系——以〈东里志〉的研究为中心》，见潮汕历史文化研究中心等编：《潮学研究》第5辑，65～86页，汕头，汕头大学出版社，1996；陈春声：《从"倭乱"到"迁海"——明末清初潮州地方动乱与乡村社会变迁》，见朱诚如、王天有主编：《明清论丛》第2辑，73～106页，北京，紫禁城出版社，2001。

(54) 嘉靖《太平县志》卷五《职官志下·兵防·军政考格》，见《天一阁藏明代方志选刊》第17册，13a～14b页，上海，上海古籍书店，1963。

(55) 嘉靖《太平县志》卷三《食货志·民业》，见《天一阁藏明代方志选刊》第17册，2b～3a页，上海，上海古籍书店，1963。

(56) (清)阮旻锡：《海上见闻录》卷一，见孔昭明主编：《台湾文献史料丛刊》第24种，6页，台北，大通书局，1987。

(57) (明)黑甜道人张麟白：《浮海记》，见孔昭明主编：《台湾文献史料丛刊》第309种，13页，台北，大通书局，1987。

(58) (明)查继佐：《鲁春秋·监国纪》，见孔昭明主编：《台湾文献史料丛刊》第118种，69页，台北，大通书局，1987。

(59) 中国科学院编辑：《明清内阁大库档案系列》之《明清史料》丁编上册第三本《温台贼势重大残揭帖》，423页，北京，国家图书馆出版社，2008。

(60) (清)倪启辰：《蒲岐所志》卷下《杂志·寇警》，59b页，温州图书馆藏清光绪钞本。

(61) (清)郑茂国：《西门志》，3页，乐清市雁荡镇岙里村藏2004年电脑打字本。

(62) 康熙《温州府志》卷九《贡赋》，14a～16a页，温州图书馆藏康熙二十四年刻本。

(63) 康熙《太平县志》卷三《田赋志·土田》，3b页，中国国家图书馆藏康熙二十二年刻本。

(64) 康熙《乐清县志》卷二《建制沿革·卫所附》，不分页，温州图书馆藏康熙二十四年钞本。

(65) 《圣祖仁皇帝实录》卷四“顺治十八年八月己未”条，见《清实录》第4册，84页下，北京，中华书局，1985。

(66) (清)李桓辑：《国朝耆献类征初编》卷一百五十二《疆臣四》，见周骏富辑：《清代传记丛刊》综录类⑦，551页，台北，明文书局，1985。

(67) 康熙《乐清县志》卷三《贡赋·土田》，不分页，温州图书馆藏康熙二十四年钞本。

　　⑱　康熙《太平县志》卷三《田赋志·役法·国朝正役》，15b 页，中国国家图书馆藏康熙二十二年刻本。

　　⑲　乾隆《温州府志》卷十一《盐法》，见《中国地方志集成·浙江府县志辑》第 58 册，141 页下，南京、上海、成都，江苏古籍出版社、上海书店、巴蜀书社，1993。

　　⑳　光绪《乐清县志》卷五《田赋志·盐法》，见《中国方志丛书》华中地方第 447 号，978、982 页，台北，成文出版社，1983。

　　㉑　康熙《太平县志》卷三《田赋志·盐课》，12b 页，中国国家图书馆藏康熙二十二年刻本。

　　㉒　康熙《临海县志》卷一《舆地·坊都》，35a 页，中国国家图书馆藏康熙二十二年刻板重印本。

　　㉓　康熙《太平县志》卷三《舆地志·乡都》，24a 页，中国国家图书馆藏康熙二十二年刻本。

　　㉔　光绪《玉环厅志》卷一上《舆地志·沿革表》，见《中国地方志集成·浙江府县志辑》第 46 册，725 页下，南京、上海、成都，江苏古籍出版社、上海书店、巴蜀书社，1993。

　　㉕　(清)张坦熊编：《特开玉环志》卷一《题奏·奏折》，见《玉环古志》整理委员会编：《玉环古志》，9～10 页，北京，中华书局，2000。

　　㉖　(清)张坦熊编：《特开玉环志》卷一《题奏·题疏》，见《玉环古志》整理委员会编：《玉环古志》，13 页，北京，中华书局，2000。

　　㉗　同上书，13～14 页。

　　㉘　(清)张泰交：《受祜堂集》卷八《抚浙中·查玉环诸山搭厂》，见《四库禁毁书丛刊》集部第 53 册，469 页上，北京，北京出版社，1997。

　　㉙　(清)张坦熊编：《特开玉环志》卷三《请禁沿海搭厂》，见《玉环古志》整理委员会编：《玉环古志》，75 页，北京，中华书局，2000。

　　㉚　(清)徐旭旦：《世经堂初集》卷十五《台寨条议》，见《四库未收书辑刊》第 7 辑第 29 册，351 页下～352 页下，北京，北京出版社，2000。

㉛　(清)张坦熊编:《特开玉环志》卷一《议详》,见《玉环古志》整理委员会编:《玉环古志》,43页,北京,中华书局,2000。

㉜　(清)张坦熊编:《特开玉环志》卷一《司详(条议玉环事宜)》,见《玉环古志》整理委员会编:《玉环古志》,37页,北京,中华书局,2000。

㉝　同上书,39~40页。

㉞　(清)张坦熊编:《特开玉环志》卷三《查出隐漏改征本色》,见《玉环古志》整理委员会编:《玉环古志》,73页,北京,中华书局,2000。

㉟　玉环南山头《小屿罗氏房谱》(内题为《新纂豫章郡罗氏族谱》)光绪四年谱序,不分页,台州玉环图书馆藏光绪四年本复印本。

㊱　玉环《武功郡苏氏宗谱》卷首《苏氏族谱原序(乾隆五十六年)》,不分页,台州玉环图书馆藏民国三十八年刻本复印本。

㊲　楚门《叶氏宗谱》卷首《总序·重修宗谱序(道光二十五年)》,不分页,台州玉环楚门镇叶氏藏民国十八年刻本。

㊳　楚门《孙氏宗谱》卷首《谱序·六世孙大明手录前代传记(道光年间)》,不分页,台州玉环楚门镇叶氏藏民国三十年本。

㊴　《玉环县三合潭西山周氏宗谱·修谱自序(道光十五年)》,4页,台州玉环城关镇三合潭周氏藏1992年再修1995年校订本。

㊵　瑞安《蔡氏宗谱》卷一《记·玉环圣族公暨叔日曜合记(道光四年)》,不分页,台州玉环清港镇上湫蔡氏藏1994年本。

㊶　楚门《林氏宗谱·详载里居》,不分页,台州玉环楚门镇林氏藏同治十二年本。

㊷　楚门《吴氏宗谱·创修楚门吴氏宗谱序(光绪十八年)》,不分页,台州玉环楚门镇吴氏藏民国十二年本。

㊸　《后排黄氏重修宗谱序(1993年)》《黄氏宗谱序(民国三十二年)》《先祖简历》,见玉环《江夏黄氏宗谱》卷首,不分页,台州玉环后排村黄氏藏1993年本。

㊹　玉环《谢氏宗谱(玉环派)》,台州玉环城关镇三合潭周氏藏民国三十一年本。

(95) 玉环《江夏黄氏宗谱》，台州玉环楚门镇小黄村藏1997年本。

(96) (清)郑茂国:《西门志》，4～5页，乐清市雁荡镇岙里村藏2004年电脑打字本。

(97) (清)戴明俸:《开复玉环伊始事略》，见《玉环大筠岗戴氏宗谱》，浙江图书馆古籍部藏钞本。

(98) 郑振满:《清代台湾的合股经营》，载《台湾研究集刊》，1987(3)。

南 田

　　封闭性是关于人的论题，而非地理环境本
身之论题。谈及岛屿，封闭性取决于人类漂洋
过海的航行，而航行当然不是关于大自然的论
题；正如我们业已了解的那样，陆地上的封闭
性时常取决于人类的意志，取决于人类的观念
及传统。

　　　　——[法]吕西安·费弗尔《大地与人类演进：
　　　　　　　　　　地理学视野下的史学引论》

图 17　宁波象山南田岛圣母宫石碑

清宣统二年(1910年),浙江宁波府奉批文,在位于三门湾的南田岛成立南田抚民厅,这是清朝在东南海疆最后一次新设海岛厅县。南田岛自明初即被迁弃,成为封禁海岛,历经清初滨海地区迁界、复界,到康熙、雍正年间定海县、澎湖厅、玉环厅、南澳厅等海岛厅县相继设立,南田岛始终未得展复。在几番开禁的辩论中,官方权衡再三,还是认为海外垦辟,奸良莫辨,洋匪难防,利少害多,甚至决定"永行封禁"。今天我们登临南田岛,还可以在鹤浦镇金漆门天妃宫门口看到一块题曰"金漆门一带各岙奉旨永远封禁道光三年□月三日立"的禁示碑(图17)。清中叶,南田岛始有弛禁之势,直到光绪元年(1875年),浙江巡抚杨昌濬上奏朝廷,认为南田情势已经今非昔比，开禁招垦的时机已成熟①，奏准后南田岛终获开禁，并逐步设立行政建置。

有关南田岛的封禁与开禁的不少历史文献和地图得以保存，龚缨晏等学者对其进行了细致的文献梳理和研究，取得了相当可观的成果。②南田岛从弃置封禁到开禁设厅，相对于明清历史来说，其五百年的疆域过程既是连续的，也是断裂的；相对于其他东南海岛来说，其人地关系之演变既有共通点，也有其自身特质，从中考察明清时期中国东南海疆经略之因袭、海域治理之实践、社会空间之演化，颇耐人寻味。

一、奉旨永远封禁

东南海岛的迁弃，与元明之际、明清之交的战事格局有直接关系。明初和清初的两番海岛弃置，制度形式相似，然而各自面对的岛际格局不尽相同，遂造成海疆空间分割的不同结果。

　　"兰秀山之乱"③平定后，明廷将方国珍旧部编入沿海卫所，建立起一套以卫所为骨干的沿海驻防体制，力绝其患。洪武时期，岛寇倭乱主要出自方国珍、张士诚余部，其籍入卫所者安身于沿海州县，这一批入卫军士与其他桀骜逋逃者均在洪武末年老病故去，故沿海暂安。④然至洪武中期，东南海上方国珍、张士诚余党势力的衰减并未增强朝廷在东南海岛建立统治的信心。由于卫所体制的建立，加之明初朝廷不再默许承担海上漕运的人户走私，朝廷无法管控或绥靖海岛流动人群，海上动乱或将重燃，于是明廷转而采取消极退守的策略，以坚壁清野的方式下令徙民。王士性在《广志绎》中就叙述了浙江"滨海大岛"的迁弃过程：

　　　　宁、台、温滨海皆有大岛，其中都鄙或与城市半，或十之三，咸大姓聚居。国初汤信国奉勅行海，惧引倭，徙其民市居之，约午前迁者为民，午后迁者为军，至今石栏础、碓磨犹存，野鸡、野犬自飞走者，咸当时家畜所遗种也，是谓禁田。如宁之金堂、大榭，温、台之玉环，大者千顷，少者亦五六百，南田、蛟螭诸岛，则又次之。近缙绅家私告垦于有司，李直指天麟疏请公佃充饷，萧中丞恐停倭，仍议寝之。然观诸家垦种，皆在倭警之后，况种者农时篷厂，不敢列屋而居，倭之停否亦不系此。⑤

论者常以海岛弃置归咎于信国公汤和因战事失利迁怒海岛，其言似过之。明初遣弃东南海岛，与漕运、卫所军制等整体政策走向有关，其结果则造成明中后期近海岛链长期脱离州县治理，南明时期海上诸势力所依赖的航路和据点，正是明廷所整体迁弃的东南岛链。

明清之交，南明部将利用浙闽海岛的区位优势，拥兵自重，与清朝周旋。南明政权后期所谓"分饷分地"，逐渐造就松散分裂的局面，在弱肉强食的海上混战中，明清之际所谓"海上藩镇"时期出现了。此时海岛社会经历了土地、税收及其他财富重新分配的社会重构。清初征伐南明部将及岛寇，胜败参半，遂使清廷愈发失去对浙闽海岛的掌控能力，视其为寇仇。在舟山群岛、三门湾等地，清军进剿与南明臣属殉难事件，一方面是南明政权的失败，另一方面则是清廷无力接管海岛而挥刀迁遣导致的悲剧。沿海"迁界令"之实施，针对的是盘踞于东南海岛的敌对势力，是明代海岛迁而未复所导致的进一步战略退缩。

然而，徙民安插和军饷供应的压力、赋役和盐政的困境，诸多问题很快引发了官民要求复界的呼声。康熙二十二年(1683 年)郑克塽投降后，复界全面展开，展复范围涵盖滨海及近海岛屿。基于南明"海上藩镇"时期所形成的各个海湾的区位特质，朝廷对东南岛屿采取了选择性展复的策略，辅以沿海绿营体系的洋防巡哨制度。在浙闽沿海，位于舟山群岛的定海县，以及乐清湾的玉环厅的设置和运作，大体循此路径。

与舟山群岛、玉环岛相比，显然南田岛更为靠近陆地，然而，对于众多海湾来说，具体某个岛屿到底展复与否，有着诸多掣肘因素。包括南田岛在内的三门湾诸岛和海域，是南明名将张名振、张煌言的抗清基地。顺治十一年(1654 年)，两江总督马国柱在题本中称，据他获得的情报，张名振及其部将正往南田一带聚集。[⑥]有鉴于此，南田岛一直被置于对岸象山县石浦镇驻防清军的严密监视之下，始终处于封禁状态。

康熙年间东南沿海和近海岛屿的复界，在各地呈现出不同的进程和面貌。对于群岛来说，首先表现为岛屿的渐次展复。在没有机械动力和跨海桥梁的时代，除非常年以海为生，或习于巡海征伐，否则要掌握海上诸岛的情况并不容易。前面"舟山"一章中提到，舟山群岛之展复，系由沿海之原定海县（后因舟山本岛新建定海县，原定海县改为镇海县）牵头操办。定海知县郝良桐先从舟山本岛开始展复，以优惠政策招徕垦荒，对于明初迁徙后版籍久失的金塘岛、大榭岛则不必强求开复⑦。至于离舟山本岛更远的大衢山（或作大胸山）等岛屿，虽经内务府员外郎戴保提出详细的展复方案，但始终搁置不前，大衢山岛一直到光绪四年（1878 年）才正式展复。南田岛的封禁命运几类大衢山，但过程更为曲折。

康熙年间舟山展复并设立定海县，雍正六年（1728 年）浙江总督兼巡抚李卫展复玉环、设立玉环厅之后，关于南田岛的展复之议就开始浮出水面。然而据目前查得的文献，雍正年间历次动议的详情，似乎是在乾隆五十二年（1787 年）浙江巡抚觉罗琅玕的奏折中才有详细的回顾。⑧据称，雍正十二年（1734 年），宁波府鄞县人范淇园曾呈请开垦南田，当时浙江布政使张若震查得"南田孤悬海外，内无陆汛，外乏水师，或通别省，或通外番，一经开垦，匪徒群集，巡防难周"。浙江巡抚嵇曾筠批饬"永行封禁"。乾隆皇帝的朱批是"依议，该部知道"⑨。

"孤悬海外"的说法多少有点夸张，只要稍微了解实地的人都明白南田岛近在咫尺(图18)，然而，在普遍抵制开禁的政策导向下，"孤悬海外""永行封禁"成为后续文书关于南田问题的常用语句。乾隆十四年(1749年)，浙江民人宋美英请垦南田，巡抚方观承委派宁波府知府

图18　象山石浦码头(远处即南田岛)

胡邦佑踏勘，胡邦佑禀请弛禁，时因方观承升任直隶总督，此事暂时搁置。其后，藩司叶存仁会同宁、台二府查勘，以"海外垦辟，奸良莫辨，洋匪难于防范，仍请永远封禁"，浙江督抚喀尔吉善、永贵饬遵永禁。^⑩一年之后，江西道监察御史欧阳正焕奉差到浙，他在乾隆十七年(1752年)上奏，主张开垦南田：

> （南田墺）东北距石浦卫城不过五里，西南从斗门墺出入外周大涂，中有三十六墺，约计地面平衍之处可垦上田九百余顷，其海滨山角稍瘠者，亦可垦田八百余顷。前明阡陌今尚井井可稽。夫国家辟土开疆，故设官移驻，原所以足民裕国耳。如谓濒海之地，恐滋事端，所获无多，动烦措置，则以他省而论，如台湾一隅，远隔重洋，资其谷产，实为全闽之利；即以浙省而论，如玉环、舟山以及金塘、黛山等处，皆经前督臣奏准陆续开垦在案。玉

环去海数百里，黛山之田不及九百余顷，一经耕种，遂成沃壤，昔荒今熟，初无弃地。况南田近在咫尺，兼以象山、健跳等营船沿海周布，既万无滋事之虞。⑪

欧阳正焕的奏议有理有据，然而，闽浙总督喀尔吉善和浙江巡抚觉罗雅尔哈善并不赞成开禁。他们表示："臣等细加查访，实有应禁而不应开者，缘涂墺可垦之地，统计不及七十余顷……"军机大臣会议，并传欧阳正焕问询后奏称：

查该御史虽似有所见，而实未身履其地。今生齿日繁，地无遗利，况南田近在内洋，与海疆无关，自可听民开垦，然自明初封禁至今已阅四百余年，即前督臣李卫奏请开垦玉环、舟山二处，而此独未经讲求者，亦必确有不便之处。⑫

对于清廷来说，南明时期整个三门湾地区抗清势力之顽固盘踞，多少令人心有余悸。喀尔吉善和觉罗雅尔哈善还认为，南田岛"孤悬大海，直接外洋"，其海岸特点和舟山、玉环也不一样，都是平坦沙滩，没有淤泥，停舟和起航都非常便利，一旦开垦之后，垦户将米谷豆麦、铁器硝磺、盐斤贩运出海，接济匪盗，就会给海防带来极大的困难。⑬在这番讨论期间，喀尔吉善已年老乞休，觉罗雅尔哈善则是在前一年才由工部右侍郎转任浙江巡抚，兼管两浙盐政，不知是出于派系政治，还是开垦南田触及某些具体利益，上述辩驳的依据显得十分牵强。不仅如此，喀尔吉善和觉罗雅尔哈善还一口咬定欧阳正焕"未身履其地"⑭。欧阳正焕到底有没有亲自上岛调查暂无从考证，不过，朝廷还是接受了封禁之议。从军机处的前后表述来看，朝廷似乎有意力挺觉罗雅尔哈善⑮。结果，南田岛这个相当靠近大陆、适垦土地颇为可观的岛屿，在有清一代很长时间内，继续成为封禁海岛。

乾隆四十八年(1783年)以后，不少人催促官方批准南田复垦，到乾隆五十二年(1787年)，"浙江会稽人王绍修呈请将宁波府象山县地方荒地数百余顷开垦、召民佃种等情，随详加询问。据称，象山县大小南田、樊岙、鹁鸪头、大佛头、大月岙五处地方，有荒田数百余顷"。从档案叙述来看，王绍修是在京城提出此项呈请，朝廷"将此案交与新任巡抚觉罗琅玕，确查档案，并委大员前往详细履勘"，因王绍修患病，此番调查延至三月开始，"觉罗琅玕派委宁绍台道印宪曾，台州府知府王贻桂，吊齐历来原卷，带同原呈人王绍修，前往象山县详察情形"，最后"勘明南田等处，久经封禁，今若开垦，利少害多，请仍行封禁，绘图贴说"。⑯

从雍正到乾隆有关南田的一系列请垦案件，均以永禁告终，官方反对开垦的理由也常以前案为据，因循封禁，率由旧章。值得注意的是，档案叙述中也透露了当时南田占垦的不少具体情况，如抚臣觉罗琅玕就奏称：

> 查沿海一带，凡垦山种茹、捕鱼挑贩之辈，闽人十居七八，土著不及二三。一经弛禁，承垦之人亦须召佃雇工，无籍之徒闻风而至，聚集更多，往来杂沓，最难稽查。日久蔓延，难保无勾结为匪之事。⑰

其反对开垦的态度十分鲜明。觉罗琅玕提议："除立案不行外，仍将具呈之人从重治罪，以绝奸匪而靖海隅。南田既不准其开垦，则附近之箬鱼山、鹁鸪山，亦应一体永远封禁，以归画一。"⑱朝廷依照其奏议，此后对请垦者采取严厉的态度，封禁的范围也进一步扩大。

到了嘉庆十四年（1809 年），又有镇海耆民至楠等"具呈步兵统领衙门，以人多地窄，吁请展辟南田"。据至楠请呈所称，他的请求在乾隆十四年（1749 年）就已经提出，宁波府吴邦裕奉饬查勘，详请耕种，没有得到批复。于是，从乾隆四十八年（1783年）至五十三年（1788年）"民人次呈催。皆由司道批准候勘，迁延已久，迄未举行"。[19]嘉庆十八年（1813年），"户部尚书托津奏报浙江民人张鹏翮违例具呈开垦象山县属之南田禁地"，认为"该民人张鹏翮等以久经封禁之地，违例具呈开垦，妄生觊觎，殊非安分之徒，一并请旨，将该民人张鹏翮等即交兵部，解往该省，照例治以应得之罪"[20]。显然，在觉罗琅玕奏议获批之后，请垦者并未善罢甘休，有的甚至铤而走险。

从这些奏议档案的行文来看，乾嘉之际，官僚系统内部对于南田垦复案这个"烫手山芋"常常互相推诿，各级政府则采取拖延战术，谁都不想担责任。其中，觉罗琅玕还提到一个很重要的现象，就是在沿海开垦荒地的过程中，"闽人"占据相对优势。而庄士敏上书中提及的至楠，其"镇海耆民"身份也十分突出，至楠和上述这些催促官府开禁的"民人",是否就是觉罗琅玕描述的"土著"?他们的急切申请,是否出于应对闽粤人继续在南田"违例"占垦的情状?假若官方无意将开禁摆上台面,又睁一只眼闭一只眼,为何这些宁波府人民不能直接上岛与闽粤人(前面只提到了闽人)竞争?是否因为实力居于下风?这给我们留下了很大的想象空间。觉罗琅玕还提到,在沿海垦荒过程中,召佃雇工是一个普遍的现象,而这些"自由劳动力",对官方来说就是最令人头痛的"无籍之徒",除了户籍人群的竞争,沿海及海岛占垦中的雇佣关系扮演了什么角色,尚需要进一步考察。

二、老本与绿壳船

道光元年(1821年),帅承瀛出任浙江巡抚,对于南田封禁及其"惯例",他在道光二年(1822年)四月二十七日与闽浙总督庆保联署的奏折中讲得很清楚:南田仍然处于封禁状态，只允许春、冬二汛各渔户在南田岛各个山岙搭盖棚厂，晾网晒鱼，事毕即行驱逐拆毁，每年照例委员季巡岁哨，以防藏匿。有意思的是，帅承瀛道光元年到任，"正值渔汛之时"，到了十一月，他经过认真巡察，"闻该处仍有民人聚集"，很是纳闷，"其时渔汛已过，何以尚未散归?"恰好在那个时候，庆保来到浙江，他得知情况后，与帅承瀛商议后，知会浙江提督王得禄，各派员弁前往南田暗访，结果得知，禁山之内已有男妇老幼四五千人，草寮一千五百余间，已垦山田平地约共三万余亩，由于土地肥沃，易于耕种，无业游民借口采捕，潜行垦艺，并且由于是禁山，官兵不常驻扎巡逻，于是聚集日多。㉑

庆保本籍满洲，曾于嘉庆年间代理台湾府知府，有治理东南海岛的经验。嘉庆二十二年(1817 年)九月任湖广总督，嘉庆二十五年(1820 年)至道光二年(1822 年)任闽浙总督。王得禄是嘉庆年间的水师名将，曾先后与李长庚、邱良功抗击蔡牵，战功卓著，历任福建提督、浙江提督，对闽浙海域的局势应该也是了如指掌。庆保和王得禄的海疆治理经验，对于初任浙江巡抚的帅承瀛，应该是很有帮助的。有意思的是，在道光元年、二年(1821年、1822年)的渔汛时期，督抚对南田治理问题都选择了暂缓处理。在海洋历史上，个体、群体乃至国家在渔汛期往往采取非常规的经营和应对方式。布罗代尔(Fernand Braudel)曾提到，16世纪瓦洛阿家族和哈布斯堡家族争夺海上霸权时，双方约定在鲱鱼汛期停止出兵，并且遵守信约，从而保证欧洲不至于失去这些天赐的食物。㉒清代的闽浙官员在渔汛时期不强求维持海上秩序，究其原因，或许是出于保护渔民的经济利益，或许是东南海域黄鱼汛期海上的庞杂环境并不利于有序管理。从康熙年间的缪燧到道光年间的帅承瀛，可能都是如此。

从帅承瀛和庆保的奏折中可以看出，他们的态度都是希望对封禁成例有所突破，但他们没有正面提出开禁，其原因在奏折中亦有所透露，即南田永禁早已写入户部则例，难以轻易改变。结合前面的叙述，很可能在嘉庆十八年（1813 年）户部尚书托津严饬惩治私垦之前，禁令就已纂入户部则例。在奏折中，帅承瀛和庆保回顾了雍正以来历次申请开禁无果的过程，指出了私垦问题屡禁不止的事实，由此认为，冰冻三尺非一日之寒，如果拘泥于封禁成案，执意驱逐私垦穷民，则容易诱发匪乱。他们提议，在五月渔汛结束后，委派按察使朱桂桢率员上岛调查，勘明地形及私垦确数，然后讨论妥善安顿之法。

无论开禁与否，既然督抚已经提到私垦严重的既成事实，就不得不设法解决。道光皇帝在朱批上表明了支持态度："此系必应办理之事，查覆后悉心妥议，务期经久无弊，方为至善。"㉓庆保、帅承瀛的上奏和道光皇帝的批复，催生了南田垦复史上一份重要文献，即按察使朱桂桢的调查报告《论南田山开垦状》(亦作《论浙江南田山开垦状》)的诞生。

前面提到,乾隆十七年(1752年)欧阳正焕到底有无上岛调查,成为疑案,而此番朱桂桢之调查,则有确切的记录。道光二年(1822年)六月二十一日,庆保上奏称,六月二十日奉道光皇帝的朱批,奉旨勘察无业游民在南田禁山垦种的情况,但其时由于新任浙江巡抚成格尚未到任,朱桂桢兼任藩司,故未能马上赴南田调查。㉔到了七月初五,帅承瀛上奏汇报,成格已经上任交接,朱桂桢将于七月十二日选带明干文武员弁七人,自省起程,前赴南田勘办。㉕随后,朱桂桢写成《论浙江南田山开垦状》一文,对这次调查的过程和结果进行了详细的报告,其文曰:

本司遵于七月十二日带印起程,于二十三日抵石浦,带同委员人等,于次日一早渡港,十里抵长山嘴，为入南田初境。山势绵亘，进山一里，方见草寮零星散处，随即按里挨查，其所种多系蕃茹，亦间有平田。由此而进，路径崎岖，地名大小百丈，草房较多，其旁为黄金坛，均有开垦之处。……旁有海涂，开垦山粮平田，是为南田山极处。又转至林门，系大南田之西，沿港一路甚长，谓之林门掘港，山土尚厚，地多开垦，其下海涂亦宽。计查南田山内十一岙，共垦户一千五百七十四家，男女共四千零九十八口。山地平田共一万三千三百十六亩零。自长山嘴以南至金漆门，约斜长五十里，广约三十余里不等，皆连山共土，并不隔港，总名南田山。自八月初一日渡港，查附近南田之山共七岙，曰大、小乌岩，即珠门山，与大、小蛤蜊山势相连，去林门港仅二三里。地势甚狭，搭寮住者零星数户，每户所开自数亩至十数亩而止。曰箸鱼山，与打鼓寺、合电门各为一山，旧绘为一岙，殊谬。

其山甚小，曰花岙，即大佛头，山虽雄秀，地颇瘠薄，并无平畴，山前、后亦有搭寮开垦者。曰蟹礁头，长有十四五里，山下有海涂平地，穷民开垦渐多。曰鹁鸪头，山内有大塘、小塘、坦塘、白箬塘，地颇平坦肥饶，开垦亦多。山虽只有六七里，而人烟稠密，衡宇相望。曰花屿湾，居人稀少，惟山之半坡，亦间有开垦者。以上七岙，共垦户八百三十八家，男女二千三百八十九口，山地平田共三千三百八十六亩七分，系在南田山以外，向亦封禁。共长约五六十里，岛小地窄，不能多聚人丁，亦不能多种田亩。本司查看之时，并细为询问，皆系无业贫民。临海、黄岩县人居其大半，温州、平阳居十之一二。象山虽附近，转不过百余人。有祖孙父子数世在山开垦者，有三四十年、二三十年不等者，皆携有家室。间有不带眷属者，皆依栖南田山内耕种，所以近年来开田渐广。外来游棍每于秋

收后聚集匪徒，肆行强割，穷民甚以为苦。因在封禁山内私垦，有干例禁，不敢控官究治。……㉖

朱桂桢首先摸清了海岛占垦土地的具体位置和规模，纠正了一些过去调查中的地名错误，这也说明，乾隆五十二年(1787年)觉罗琅玕派人与王绍修等到查勘后所要求的"绘图贴说"㉗，应该是得到了落实，留下了地图。根据朱桂桢的访谈，私垦南田诸岛的无业贫民大多来自浙江台州、温州，而且颇具规模，成定居之势，来自对面象山等处的垦户反倒不多。私垦者在封禁状态下的土地开发过程中，也存在利益的纷争。关于私垦者的来历，此前觉罗琅玕曾言"闽人十居七八，土著不及二三"，朱桂桢则进一步指出了临海、黄岩、温州、平阳几个来源地。我在此前的研究中已发现，这几个地方私垦者其实就是长期活动在浙闽海域，经历了清初海岛占垦入籍，将籍贯身份定为浙江温州、台州沿海县份的操

闽方言的海上人群。㉘

　　面对南田占垦开田一万六千七百多亩、私垦者六千四百多人的局面，朱桂桢提出了若干对策建议，包括任命南田海疆直隶同知，定为海疆要缺，管理地方；与南田各处加强防守，移驻水师；石浦应归南田管理；应严拿游棍以安穷民，抓拿大南田岛最凶横之金某等；丈量南田地亩，报部升科；化私为公，官府收买私煎盐灶等。朱桂桢认为，基于南田地势险要，封禁已久，首先要加强防守，然而私垦问题由来已久，积重难返，为防止穷民作乱，还是要妥善安顿，"若不因地因时，筹度久远之策"，则"徒袭封禁之故事"，"转虑贻患将来"。㉙

　　正如帅承瀛所说，以前每次调查都未能获知私垦人户及土地的确切数字㉚，与此相比，朱桂桢的考察结果比较详尽，更重要的是，整个查勘工作的发起与执行都有中央到地方的各级文书记录，因此，其调查结论不同于乾隆年间欧阳正焕的上奏，各级官员难以质疑其可靠性，唯有根据其调查结果以及其初步处置建议，进行对策讨论。

到了该年十一月二十九日，帅承瀛向朝廷奏报了朱桂桢考察的结果，在奏折中，帅承瀛肯定了朱桂桢调查的结果，但基本上否定了其主张。帅承瀛认为，虽然朱桂桢意在抚恤贫民，但是南田封禁已久，未便遽议更张，而且为了安顿秩序，必须设官驻兵，需要大量经费，而且防范效果未见得理想，不出数年，就与弛禁无异，必须计出万全，方可无虞。㉛为此，帅承瀛采取了较为严厉的清查措施，其中特别提到了抓捕"老本"的决心。关于"老本"，他在奏折中称：

> 该处垦户俱系宁、台两府所属各县民人，其始皆由豪强之徒，私相占踞，招人垦种，计亩收租，名为老本。如有不由招佃自来耕种者，该老本等即以私垦禁地，向其挟制，至秋收时，将花息肆行抢

割，最为强横不法。是欲期禁地肃清，必先驱除老本。至各垦户等，多系去来无定，每年收获完竣，一经地方官驱逐，即行散归本籍，或有深山僻岙，巡查未及者，所剩不过数百人，是此等垦户非尽靡家靡室无籍可归，况其中并无坟墓瓦房，亦无幼孩少妇。大率春来冬去，本非长住久居，则欲知各垦户实在数目，必须于冬令分别查办，始能确实。前此该升司勘禀情形，正当禾稼在地，垦户齐集之时，今自十月以后，归还本籍者已有二千余人，现尚有陆续散出者，是该升司原查户口各数与目前又属不符。此等散归民人既系本籍，各有家室，岂容于封禁重地任其出入自由？若此时不为查禁，一至明岁春融，渔汛旺盛，势必乘机复行窜入，或更从而影射招邀，纷纷前至，亦属无从辨别，则人数愈众，措置愈难。……宁波府知府任兰祐会同营员，拿获著名老本苏赖一富等二十名……㉜

帅承瀛的这番表态，一方面是因为朱桂桢于八月突然离任③，另一方面则是因为在朱桂桢调查之后，他又委派府县官员进行了新一轮复查。其调查结果展现了南田诸岛占垦人群的更多面相，特别是其中的时空特征和权力关系。渔汛之时，往往也是占垦者入驻海岛之时。海岛也并非占垦者的自由天堂，一旦土地垦熟，那些把持资本、雇佣劳力开垦禁地的"老本"，常常会肆意抢夺弱者的劳动成果，而入秋以后，三分之一的占垦者又会退出海岛，返回原籍。在帅承瀛看来，"老本"们和这部分"游耕者"当然不应该列入安抚之列，而应加以驱逐。

在朱桂桢离任、帅承瀛决意惩治老本的时候，浙省人事又有了重大变动，赵慎畛接替庆保，任闽浙总督。④赵慎畛是湖南武陵人，嘉庆元年（1796 年）进士。在广东惠潮嘉道任上，"海阳、普宁民械斗掳掠，聚众久，官不能治。公驰往，捕诛之。沿海民多寮居，藏匿销赃，公悉编入保甲，毁其栅寮，水陆获盗无数"[35]。显然，赵慎畛对沿海治理颇有经验，其手段也非常果断。道光二年(1822年)，朝廷温谕褒勉，擢升其为闽浙总督，令其严申军律，督促诸镇营汛勤加训练，率领水师缉拿海盗。当时浙洋商艘报劫，赵慎畛严责水师，立海口渔船出入章程，水陆合捕。福州闽安镇外有琅琦岛，居民二千户，多为奸利济匪。赵慎畛得知后，移驻水师于岛上，建炮台、望楼，有力地加强了防守。[36]

赵慎畛这位捣匪拆寮厉害角色的任命，似乎激发了帅承瀛的斗志。道光三年(1823年)正月，在赵慎畛尚未到任之时，帅承瀛上奏皇帝，禀报了复查南田私垦案的调查及处理的进展：

前升司朱桂桢甫行筹议安顿，即有武生鲍龙辉等带领数十余人入山占垦，经委驻石浦弹压之宁波府同知熊瀜拿获究办……今若将四千余人安顿在内，必致辗转勾结，渐聚渐多，同在一山之中，势不能划分界址，此开彼禁，使此后不添入一人，增垦一亩，是名为安顿，不数年间直与弛禁无异。从此豪强之徒互相攘夺，必将争占不休……私垦民人向虽春来冬去，而相沿已久，遽欲尽数逐散，难保其不别滋事端。是以此次覆查，先经臣剀切谕示，并谆饬宁波府知府任兰祐督同委员等，不动声色，逐户挨查，惟谕以私垦违禁，劝令各归本籍，无得强行驱逐，致有惊惶。兹据该府等叠次禀报，先于贴近南田之石浦地方多雇民船，预备该户等搬移内渡，并将劝令回籍缘由摘叙，简明告示，逐一传谕。该府等随即亲入南田，在于适中地方支设帐房驻扎，逐日分赴各岙挨厂勘查，该垦户等皆知遵奉劝谕，即于旬日之间尽数散出，将原搭棚厂全行拆毁，所收米谷杂粮裹担旋归，俱系自愿搬移，略无刑驱势迫，其情形极为安静，统计十八岙中，仅有老病及无家可归者二百二十名，业经该府派员送至石浦安置，按日赏给口粮，并查明有无原籍，分别抚恤递送。其林门奁、蟹礁头二处有私煎之户金宗贵等六名，自恃强悍，不肯迁移，当即拘拿惩办等情。前来臣查南田私垦各户皆由老本包庇，以致聚集多人，今既将老本拿办，伊等无可依恃……如不于原籍妥为安顿，则口食无资，设更有莠民从而招垦，势将复入南田，是必有以赡其身家，乃可使之安居乡里而不至复生觊觎。查此等垦户俱系象山、临海、宁海、天台、黄岩、太平、平阳七县民人，前升司朱桂桢曾于查勘时编造姓名籍贯清册……该垦户等向曾筑有堤埂塍围……复行逐奁搜巡，将堤埂次第犁毁，其拆决处所，一经潮水灌入，即成废地……即封禁之地可期肃清。㊲

此次调查基本上全盘否定了朱桂桢的"安顿"之议，

指出"安顿"实为"弛禁"，因此采取了强硬的驱散行动。宁波府知府任兰祐充当了急先锋，将私煎私垦人户及占地招租之"老本"尽数驱逐。此次肃清海岛，朱桂桢曾提到的"大南田岛最凶横之金某"或许就是这次落网的私煎之户金宗贵。在此次行动中，官府对宁波、台州、温州三府的私垦户一视同仁，对私垦户的棚厂和田堤也搜寻拆毁。对此，道光皇帝朱批"详慎妥议办理，据实具奏，再降谕旨"㊳，似乎颇为满意。

两个月后，赵慎畛正式上任，同时兼理福建巡抚。他认为，既然帅承瀛肃清了海岛，就要恢复封禁旧制。㊴考虑到渔汛一到，忠奸难辨，私垦者又可能会浑水摸鱼，于是赵慎畛分别饬令定海、黄岩两镇及昌石、健跳各营严密巡逻，他还主张，将来善后各事，需要议设文武员弁，添置卡汛兵丁以资防守。㊵赵慎畛在奏折中也提到，他上任后几个月其实主要在闽省办公，所以朝廷指示仍由帅承瀛就近详细复定。

到了七月十三日，赵、帅督抚联署上奏，再次回顾了历次南田欲开复禁的过程和种种不便开禁的缘由。通过协调浙江各府县，特别是垦户的原籍府县，以置换荒地的方式安置游民，同时加强海上巡防。督抚宣称"南田十有八盉实已全数肃清"，进而提出了若干善后章程的草案，其中重要的主张是将原来驻扎在宁波府鄞县的海防同知移驻南田对岸的石浦港，并改为冲繁海疆要缺，以利威慑弹压。他们还推荐原石浦巡检宗人寿出任海防同知。关于其他的水师兵力调配，此不赘述。针对渔汛时期的秩序，督抚建议划定渔户上岸搭寮的界址，防止他们借机私垦，此外，渔船到石浦一带须前往同知衙门挂号登记，对每年绍台道及定海、黄岩二营的巡洋会哨制度也做出严格要求。[41]整体看来，各项善后章程都比较具体可行，立意不可谓不高。八月十二日，吏部收到移会，宁波海防同知移驻石浦、专管南田禁山的决策得到了落实。[42]

从南田开禁之议浮出水面、朱桂桢入山查勘并提出安顿之策，到赵慎畛、帅承瀛肃清海岛、遣徙私垦户，一年间政策风向大转弯，多少显得蹊跷。单从现存奏折文书入手，难以判明其中奥妙。稍后的文献对其中原因有一种解释，即督抚意见不合。

同治年间宁绍台道史致谔的幕宾庄士敏曾专述南田事宜，其文曰：

> 复查朱庄恪桂桢于道光二年任浙臬时，有勘议南田山开垦节略，载入《皇朝经世文编》。迹其躬履筹划，详审精密，瞻言百里，哀我惮人之劳。俯仰盛时，见先大夫之肃，按庄恪家集，以升任甘藩，去浙，两院复意见相左，议遂不行。其时总督为赵公慎畛，巡抚为帅公承瀛。㊸

光绪年间，石浦同知杨殿材编纂的《南田记略》收入了一篇《道光壬午岁浙江按察司朱桂桢遵札勘议南田山开垦节略》，所列朱桂桢开禁议与前引《庄恪集·论浙江南田山开垦状》内容基本相同，杨殿材在文后另附加一篇《南田禁山记》，其文亦见于前引《庄恪集》，曰：

道光壬午，余奉督抚奏委前往相度，盖重其事也。余于七月望后……私垦者皆搭篷以栖，或数十人，或百余人，相聚处所种多苞谷黍粟，身无完衣。余见而悯之，询其疾苦，佥曰："民等来此偷种，特救死耳。每秋成时，辄有强暴暨兵役勾结，抢其粮去，以奉封禁，不敢声张。"余尤悯之，遂揆度形势，凡岛内高下险夷之处，无不亲至。拟请开南田，议设府同知一员，都司一员，兵四百名以卫之，虽不封禁而无后患矣。会余升任甘肃藩司，不果竣事，督抚意见不合，格之而止。后方伯贺公长龄见其议，叹曰，此民生利病，不可废也。遂采入

《皇清经世文编》。是役也……危极亦快极也，因追
　　而记之。㊽

　　该文为朱桂桢之补记，其中提到了贫民遭遇兵匪双
重压榨的窘境，并直接点明了督抚意见不合遂造成开禁
事罢的经过。有关督抚相格的细节，自然是难以求证，
然而道光初年这番政策抉择的过程十分值得玩味。朱桂
桢的总体思想，就是他所说的"化私为公"，对于合理性
和可能性，他强调，安顿这些私垦穷民，绝对不是姑息
养奸，而是务实地考虑海疆的安定。然而，一旦承认私
垦者的合法性，实质上就突破了户部则例所规定的"永
禁"成例，如此一来，就容易被那些持保守观念、支持
封禁的人抓住"违制"的把柄，这着实给督抚出了一道大
难题。

　　帅承瀛在开禁的问题上，首先是表达出关心民瘼的
立场，同时又对否定封禁成例表现出不以为然的态度。

相比之下，朱桂桢的务实方案显得更加激进，他采取了一种更加严厉的处理办法，即先清查后复垦，结果导向了剿而不复的境地。赵慎畛上任之后，这种观念导向愈演愈烈，遂愈请愈禁，行政官员的立场越来越保守，政策越来越严苛。

道光三年(1823年)以后的数年间，官府加强了象山石浦港一带的炮台、营房等军事设置的修建和维护⑤，继续封禁南田并保持防守。到了道光十七年(1837年)，南田封禁事又出现风波，当年四月，兵部尚书、经筵讲官朱士彦调查石浦同知邓廷彩玩忽职守一案。据朱士彦调查，邓廷彩于道光四年(1824年)五月初四起任石浦同知，被人检举，称其"盘踞省城，夤缘钻刺"，久不回任，"以致南田虽系禁山，居人不啻阛阓"，经查并非如此，邓廷彩仍算称职。朱士彦还提到，宁绍台道周彦于道光十五年(1835年)抵任后两度踏勘南田岛，发现并无游民居住以及私垦私煎的痕迹，加上每年冬季都执行烧荒之令，岛上几乎没有数尺高之树，也就无从搭盖寮棚，旧有庙宇也已坍塌。⁴⁶封禁海岛、肃清私垦，是道光朝浙江高层官员审度海岛人地时局做出的政治选择，不过，中英鸦片战争的爆发及一系列海上战事给不平静的东南岛链带来了更多麻烦。

道光二十一年（1841 年）八月，英国军舰入铜瓦门，犯石浦，后又犯钱仓、石浦等处，官军努力击退，但定海三镇兵力损失严重，近乎失守。道光二十九年（1849年），陈双喜在鱼山岛聚众起义，清军水师往剿，昌石营都司王廷鳌、健跳营守备游击王大成被杀。咸丰元年（1851 年）九月，前广东禁烟乡勇头目布兴有等举众掠三门湾，并集船只于五屿门，其船外壳绿色，人称"绿壳"，后至石浦，浙江巡抚以重贿招抚，授以六品顶戴。咸丰五年（1855 年）七月，广东海盗船"广艇"13 艘至象山墙头、西周、淡港、龙屿等处，向欧、王、孔三家索银数万两，八月，大批"广艇"又进入石浦港。⁴⁷

有关道咸间之兵燹，时人多有讨论，魏源在《武事余记·军政篇》中认为："其时提督田雄亦言舟山易克难守，盖城逼海滨，船抵城外，与台湾、琼州、崇明形势迥殊。今封禁内地之南田，而守孤悬之荒峤，以徒贻外夷之挟制，此失地利者一矣。"⑱夏燮在《中西纪事》中则认为定海之役输在战略，若能以南田为堡垒，则为上策。⑲

对于这类"事后诸葛亮"的评论，民国时期《南田志略》撰者象山人陈汉章不以为然，他认为将定海失守归咎于南田封禁是言过其实，南田与定海所在的舟山群岛相比，更是弹丸之地，舟山都已失守，南田当然不可能幸免于难，遑论拱卫定海。⑳东南海岛的迁弃问题，在国难之际上升为国家疆域安全层面的宏大议题，与嘉道时期逐渐围绕垦复和秩序恢复的舆论走向又产生了偏离。

与此同时，南田岛私垦问题又有了新动向。道光末年，宁海"老本"仲谟在南田山大百丈村垦地收租，获利不资。临海豪强"金独角"闻之，"纠数百人挟枪炮与仲谟争。仲谟之徒，以习拳棓，故不能当，皆大败去。独角遂据大南田寺基山脚，筑寨屯守，效仲谟之所为"⑤。在金独角取胜之后，"有象山县马屿村人徐福金，据南田樊岙村，与独角分石门岭为界，岭以南属金独角，其北属徐福金，两家往来，甚相得"㊱。其后，金独角击败徐福金，于咸丰十年（1860 年）独霸南田。其后，徐福金之子赴宁海大胡村，拜杨家保为义父，求为报仇。当时，杨家保"募乡勇，董民团，保护洋面，声威方赫然"。杨氏协助徐氏杀入南田，打死金独角，成为南田霸主。不久，杨氏入狱，金氏族人金得利乘机在南田筑城聚众，势力大增。象山知县与石浦绅董民团合力，均不能制。此间，湘军已攻入南京，平定太平天国。同治四年（1865 年）湘军乘势南下攻南田，竟也败在金得利手上。无奈之下，"宁波府边公乃请发兵勇六千人，四面围守，绝其水米，并请西洋兵轮船，以炸弹攻之"。几

经激战，才最终攻下南田岛。㉝

道光二年（1822 年），巡抚帅承瀛清查私垦，缉拿"老本"，试图维护象山垦户作为佃种者的"无辜"身份，可能也是着眼于清除盘踞在三门湾的闽、粤、温、台豪强势力。然而，随着海疆策略上升到封禁乃至永禁的程度，历任官员越发不敢挑战成规，他们并非不知开垦之利，但估计谁都不想在宦海浮沉中落下违制之口实，遂情愿将占垦者视为游民乃至寇盗。因此，中下级官员对于海岛私垦田土和人户的调查结果，到了高层官员这一层面，就难以据实发布，起码在数字上可以商榷修订，具体的表述和举措也取决于高层的政治权衡。

然而，虽然官方在道光中期声称肃清了南田岛，但南田却再次迎来新、旧私垦者，来自宁波府、台州府的各路人马乘虚而入，角逐于南田这个权力真空地带。㉞由此来看，邓廷彩的弹劾案绝非空穴来风。宁海仲谟与临海金独角的火并，也彰显了海上的丛林法则远远重要于所谓籍贯人群之争。

三、长元与大捕船

清代争辩南田开禁问题，常以舟山群岛和玉环作比拟。实际上，舟山与玉环的秩序重建，关键不在于展复决策的下达，也不在于定海县、玉环厅这两个标志性海岛厅县的建置；重要的是，定海县与玉环厅设立伊始，厅县官员逐步顺应了海岛占垦、闽粤势强的人地格局，采取了比较务实和温和的认垦政策，实现了州县的顺利施政，逐渐将海岛土地领土化，海上人群在地化，并进一步稳固海域汛防、巡哨的军事秩序。相比之下，"袭封禁之故事"的南田岛，虽近临陆地，与陆上社会嬗变、海上内外战事唇齿相依，却因缺乏稳定州县的行政，屡屡成为群雄割据的角斗场。在错过康、雍展复契机之后，历经两百年曲折反复，南田问题再次陷入了封禁遣徙的死循环。正如宁绍台道史致谔的幕宾庄士敏所言："辗转因循，势必流为官样文字……仍封禁之名，滋蔓延之实，是禁而无以善其禁，何如开而思所以善其开。"[55] 石浦同知杨殿材的论述也非常精辟，他说：

> 南田或禁或否，皆不能经久而无弊，总之治法赖有治人，有治人则禁之，而山境肃清，开禁亦无他患。无治人则禁为具文，开禁亦不能必盗贼之不生也。二者相衡，朱庄恪开禁之议较有实际。[56]

"治人"虽无，私垦者倒是前赴后继。在清代两百多年封禁期的后段，来自宁波、台州的占垦者势力呈上升之势，胜过闽粤垦户。乾隆时，巡抚觉罗琅玕所述"闽人十居七八"，以及道光年间朱桂桢所说的"临海、黄岩县人居其大半，温州、平阳居十之一二。象山虽附近，转不过百余人"的情形似乎不再明显。从明清浙闽海域人群流动和势力消长的整体走势看，闽粤人在东南岛链多处居于优势，主要源于其长期从事海上流动作业，从事渔业及其他贸易的传统，以及组成规模化船帮并具有雄踞海岛的实力。不过，清代雍正年间，宁波象山一带本地渔民、渔船组织的兴起，逐渐显露出后来居上之势。这种势力消长是否与闽粤人群的拓展重心逐渐趋向南中国海贸易有关，尚需进一步考究。

据象山当地文献称，从康熙后期到雍正时期，东门岛渔民开始仿福建式样造大捕船，每年农历三月二十三或四月初八，大捕船队北上岱山岛、衢山岛一带洋面，采用大捕抛碇张网作业，张捕大、小黄鱼。因捕鱼得利丰厚，东门不少大户人家纷纷造大捕船，开办鱼行。当时，东门大捕船在岱山东沙角铁畈沙做埠，租借民房为栈房，经 50 余年的发展，有大捕船 80 多艘。⑰

据研究传统木帆渔船的专家考证，大捕渔船，也称大捕船或大莆船，是在大对渔船、小捕渔船和中捕渔船的基础上改进而成的。早在明末清初的史志中就有"小捕船""捕艚船""小大捕船"的记载，它们是古时中小型木帆渔船的典范。小捕渔船具有船舱甲板较宽、尾舱稍短、船型较深、稳定性较好、机动灵活、单船作业利用率高的独有性能，大多在船后舱装有短"平鳖壳"。所谓大对渔船，是浙江沿海海洋渔船中分布最广、数量最多、使用年代最长的骨干渔船。自清代始，合作拼对的两艘大渔船虽船型一样，但船体不完全相同，一艘船身较长，甲板宽一些，后舱"平鳖壳"短一点，承担出网、收网和捞取渔获物以及进行生产指挥的任务，称为"网船"；另一艘船身稍短，甲板稍狭小而后舱"平鳖壳"稍长和稍宽一些，承担携带抛撒网纲和带网船渔绳（俗称"带偎"）以及装载渔货的任务，称为"偎船"。清代中期，大对渔船船长 7.5～11.5 米，船宽 2～2.2 米，型深1～1.1 米，载重量 6～12 吨。到清代后期和民国时期，

船长增至 13.6 米，船宽 3.3 米，型深 1.3 米，载重量
10～15吨。后来，有的渔船把软篷改为硬篷（风帆），向
大捕船船型转化，可视为"改良大对船"或"大捕型大对
船"。大对渔船不仅船大、航速快、跑得远，机动性和
灵活性较突出，而且抵御风浪的安全性较好，船员生活
条件也大为改善。大捕渔船的船型结构和船身形态、尺
度等与大对渔船基本相同，但大捕渔船一般船尾舱都装
置"鳖壳"。⑱（图19）

与大对渔船相比，大捕渔船船体更大，腰部较宽，
舱面甲板宽大，船舱尾稍短，遇风浪时船身稳定性较
好，只需将桅放倒，舱盖钉牢，舵干用绳固定方向，任
其在洋面随风漂流，亦无任何危险，故这种船又有"混
江龙"之誉。根据20世纪70年代的记载，大捕船载重可
达20～30吨，高吨位的大捕船以做生意为主，航速比大
对渔船慢，若载重轻，跑跑近海邻省的小港小码头，则
非常灵活。⑲

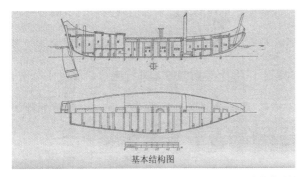

基本结构图

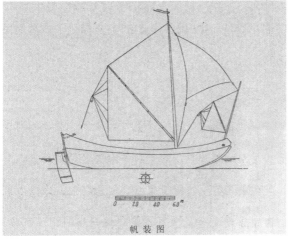

帆 装 图

图 19 大捕(定置网渔船)
图片来源:第一机械工业部船舶产品设计院等编:《中国海洋渔船图集》,140页,上海,上海科学技术出版社,1960。

大捕船船首两侧大多装饰船眼睛，其中画饰绿色眉毛者，被称为"绿眉毛"大捕渔船。据说旧时大捕船多在岛周围沿岸滩涂等候潮汐，进行张捕，渔民十分劳累，故流传着"我郎命真苦，下海张大捕，上落跋泥涂，吃饭无工夫"和"活小对，呆大捕"等渔谚。[60]

位于鄞县东南的咸祥镇就有大量渔民长期从事大捕船网捕，1936年的《鄞县渔业之调查》描绘了该镇渔民的生活状态：

大莆船上半年往岱山捕大黄鱼，下半年则在象山港附近捕什鱼，故其从事海上之时间角度，与家庭之关系甚少，对于家庭之观念甚浅；尤以一般无妻室子女之渔民为甚，每于渔汛期间，一有收入，则烟酒嫖赌无所不至。在休渔期间，有多数以耕田为副业，其大多数则帮同晒盐。[61]

据 1932 年《调查鄞县、定海、镇海三县渔业状况之报告》，鄞县咸祥村约 80 只大莆船、定海各岛约 600 只渔船"每年自清明前出洋，至大暑后回洋，或延长捕秋及冬"，渔场分布于"南至定象洋面，北至岱屺、大小羊山、嵊山等处"，主要有大小黄鱼、墨鱼、鳗鱼、虎鱼、鲳鱼、小带鱼、杂鱼、虾蟹等，秋则捕海蜇，冬捕多杂鱼。⑫1936 年的《鄞县渔业之调查》中也提及与象山县相邻的宁波鄞县的大捕船，主要由鄞县大嵩江渔帮操持，1933 年大嵩江渔帮共有大捕船 123 只，渔夫 615 名。每年五月至七月舟山群岛的岱山岛、大衢山岛及大戢山岛之间渔场的大黄鱼汛期，五月至六月南北岐山、黑山列岛的鞋底鱼汛期，四月至五月南北鱼山、黄龙、泗礁的鲳鱼汛期，该县都有大捕船参与网捕。⑬

单纯从技术沿革角度考证，很难确切地梳理各种渔船形制改变的时间序列，而且在大多数时间里，满足不同网捕需求的多种渔船是同时并存的。在沿海社会的长时段历史中，将渔业的变迁和渔船的形制改良视为一组互为因果的联系，可能更为恰当。

当然，借助 20 世纪的一些渔业调查报告，再回溯上述技术细节，努力体会渔谚和各种地方风俗中传递的时空信息，或可推知，清代中后期"大捕型大对船"的改良，与浙江渔民在舟山群岛海域竞逐大小黄鱼捕捞有关。另外，宁波、象山附近海域的海岛围垦、滩涂的开发，也为大捕船提供了宽阔的历史舞台。大捕船"灵活"的特征，不仅仅展现于惊涛骇浪的外洋搏击中，也体现在波澜不惊的近海生计里。大对船、大捕船渔业的经营形态，以及渔业社会的组织方式，也是我们需要考察的重要内容。宁波本地渔帮的崛起、鱼行和渔业公所的兴盛尤为值得关注。

1933 年的《上海市水产经济月刊》有专门调查报告，介绍了大捕船的经营状况：

大莆船之渔业，纯为捕捉大黄鱼……经营大莆船渔业之渔民，率多穷乏，虽有自备渔船者，然为数甚少，多数皆由租来。出渔资本每渔汛须千余元，多由鱼行借贷而来。普通以借三百元起码，利息一分二，凡渔民与鱼行有借贷关系者，则以后所有之渔获物，须托由该行代售，按值抽行佣百分之四。每船有船员六七人不等，计老大一人，每渔汛最多可得一百五十元。投手二人（即将顶及网具投出者）每人一百元。渔夫二人，每人五十元。膳由船东供给，普通在出海之初，及渔汛过后，由船东请船主等吃酒饭一次。

出渔时至少须备网二顶，每顶百八十元，每次归港后拷一次，需费七元。浮竹六根，约四十元。木锚二，自三十二元至三十六元。绳索费约需五十元。共约需资本千元。每渔汛渔获价值多者三千元，少亦一千五百元以上。

大莆船之加入公所，每渔汛须出费七元。

大莆船又名大捕船，与大对船之构造无大异处，仅船幅较阔耳。载重约三百担，有东门船、奉化船、罗门船等之别。价值二千余元。其式样虽全属宁波式，但亦可区别之处。东门船之船首对颈为红色，而奉化船之对颈则为黑色，罗门船与东门船同。今年岱山渔船数颇较往年较少。本所今岁在该地调查时，计义和、义安、太和、协和、维丰五公所登记之渔船，共 810 艘，岠山之栖凤、罗门、海山三公所，共有船 389 只。其他尚有未入公所者，确数尚不能知。㉔

东门岛渔帮于乾隆三年(1738 年)创立太和渔业公所，比奉化渔帮的栖凤公所(1748 年)成立早 10 年，比普陀螺门渔帮庆安公所(1863 年)成立早 100 多年，是浙省较早成立的渔业组织。出现大型船网工具后，拥有较多渔船渔具的渔民，渐成"渔东老板"，在三门湾一带俗称"长元"（或"掌元""张年"），部分受雇于"长元"的渔工所在的渔村开始形成"长元制（雇佣制）"。"长元"初期与渔工一起劳动，船、网工具按一定股份收取酬金，称"硬脚长元"。乾隆至嘉庆间，大对、大捕船作业兴起，部分"长元"脱离劳动，雇佣渔工出海劳动，称"海上长元"。有一种"长元"仅岸上组织指挥生产，称"岸登长元"。另一种租渔船、渔具雇工捕鱼，称"砂锅长元"。⑥限于目前所得文献，尚无法确认象山渔东老板"长元"与南田招人私垦的"老本"是否为同一人群，但宁波、台州籍人群控制三门湾一带沿海及海域的趋势已经显露。

咸同之际，官方费尽气力才得以剿灭金得利等豪强，然而，南田岛很快又沦为私垦者的乐土，官府也无法掩饰这一事实。同治十三年（1874年）八月，杨殿材新任石浦同知，三个月后，他与同僚一道乘坐"红单船"，前往南田各处视察。所谓"红单船"，源于广东商人造船需禀报海关,给予红单以备稽查,故名"红单船"。这类船体大坚实,行驶快速,每艘可安炮二三十门,在晚清时常被官府雇募用于海防。太平天国时期,清政府还将红单船武装调至长江流域协助镇压。村上卫在研究中还指出,广东海盗"广艇"受清朝所雇,在清军水师中最具实力,本来是预备对付太平天国的,后来却转用在镇压厦门小刀会上,而且可能与小刀会有勾结。实际上,清方的战船中除了一部分之外,其余皆不与小刀会认真进行战斗,这种情况持续了很长时间,因此可以推知二者存在共谋的可能性极大。然而,清军若完全不依赖广艇,又根本无法在海上阻止小刀会的势力扩张。⑥

　　杨殿材在樊岙将红单船换成舢板小船,由小港趁潮驶进,抵达官基步,登上川洞岭,瞭望四周,没有发现私垦者,只将一二破草寮烧毁之后,就趁退潮出港。在九龙港过夜后,由普陀门上岸,抵达新塘庄、下洋墩等

村，发现那里塘埂屹立，阡陌纵横，到了坦塘正面山
麓，发现开垦田亩相当可观。他在报告中还记载了他的
访谈所得：

> 据老民林老五等供称，现在坦塘一带筑成四
> 塘，种熟田地约三千余亩，居民百余户，计男妇大
> 小四百余口，皆系宁海、天台、黄岩、临海、象山
> 各县之人，有来此七八年者。共立柱首八人，各管
> 田三四百亩不等。附近无业穷民向柱首租田耕种，
> 每亩每年交租钱四五百文或六七百文。柱首胡长
> 满、胡长昌等并不住在坦塘，有住宁海县属之大湖
> 村者，八九月间着人来收租钱。又毗连坦塘之鹁鸪
> 头、虎爪头，每年春间有渔船十余只，约百余人前
> 来张网，即在山边搭篷栖身，垦地种粮等语。卑职
> 听闻之下，不胜骇异。
>
> 伏查南田一百八岙，历年封禁，但地面辽阔，

岛屿深远，势不能逐处逐日有人防守，且山海变迁，今昔异形，往年悬海之岛，积久淤塞，渐已陆地相连。宁、台沿海各邑山多田少，民间艰于得田，而南田各岙土脉肥厚，垦种最易，收成最丰，所以海滨奸民处处垂涎，趋利若鹜，虽设厉禁，置若罔闻。稽诸旧牒，嘉庆时则有老本，道光、咸丰时则有杨家豹，同治初年则有金得利等，皆因冒禁入山，霸地放租，驯至酿成巨案，征兵调饷，久而后平。今坦塘地方系南田百八岙之一，而胡长满等胆敢筑塘收租，每亩岁收钱六七百文，开田三千余亩，招佃四百余人，以朝廷之禁山为私家之世产，人则愈聚愈多，地则日开日广，致附近之鹁鸪头、虎爪头又有渔民百余搭篷种地矣。若不及早处置，窃恐三数半年间一百八岙尽皆开种，利归奸豪，害贻官民。⑤⑦

杨殿材通过实地走访，发现了胡长满、胡长昌这些新一代"老本"的死灰复燃、肆无忌惮的情况，他认为南田各岙的淤积成陆刺激了南田私垦的再度兴起。面对这一番"山海变迁"，光绪元年（1875年），杨殿材纂成《南田记略》一部（图20），上呈抚院司道。在图说中，他认

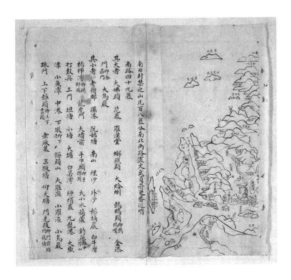

图20 《南田记略》书影
图片来源：（清）杨殿材：《南田记略》，不分卷，1页，浙江图书馆藏清末钞本。

为："所谓沧海变桑田者也。若不因时因势，妥筹布置，徒泥封禁之虚文，必酿异日之阴祸。"⑱他从民情、地形、国计出发，明确提出开禁的必要性，并一针见血地指出，如果"当事惮于更张，仍旧驱遣封禁，其实何能真禁也？"⑲可以说把开禁的主张表达得非常到位了。

光绪元年(1875年)六月，南田开禁案终于重新摆上了台面。《南田记略》难得地保存了杨殿材的禀文，其中透露了另一个此前未曾提到的细节，即帅承瀛、赵慎畛肃清海岛后，一度想将禁山划为屯田，设官驻兵防守，后来觉得难以施行，不如收田地入官，分给农民耕种，官收其租，交营散给弁兵，最后方案未定。⑳杨殿材经过详细踏勘之后，向浙江巡抚杨昌濬提出了山地田塘应分别清丈，南田粮税应仿照玉环厅新例起科，承垦业户应取得附近绅耆的保结，象山十七、二十一两都地方应拨归石浦同知管理，南田地面应移驻巡检两员，水陆弁兵应分别调拨，南田盐务应由地方官试办，善后事宜应先借款举办等8项条议，基本上考虑了南田开禁后各方面的治理问题，提出了较成熟的可行方案。

同年十月，浙江巡抚杨昌濬、闽浙总督李鹤年会奏，指出南田开垦"实天地自然之利，弃之可惜，徒袭封禁之名，后患难防，不若明示章程，用固吾圉。现值筹办海防，是处亦称要隘，不先招民耕作以实其地，难保无不逞之徒引外人窥伺"⑦。朝廷很快批复了此项奏议。不仅如此，光绪皇帝在上谕中还说道：

> 定海厅属大衢山向系荒地，并无封禁明文，现在该山居民甚众，生齿日繁，即着督饬地方官勘明田亩分数，按则升科，并确查户口、人丁、田地、山荡若干，将粮赋征税事宜一并议奏。⑦

杨殿材把这个上谕放到《南田记略》的最后一页，可谓"压轴大戏"。"先招民耕作以实其地"的考虑，强调了开放垦种的先行必要性，体现了高层官员就妥善配置土地和人口以实现疆域安全的路径达成了某种共识，终于挣脱了"永远封禁"则例的观念束缚。

光绪皇帝未必知道南田、衢山的具体情况，对海岛封禁和复垦的来龙去脉也可能并不十分了解，然而，地方官员显然擅长于顺水推舟、因势利导，结果也促成了衢山岛的正式垦复。可谓一禁皆禁、一开俱开，令人不胜感慨。

注　释

① （清）杨殿材：《南田记略》，不分卷，99 页，浙江图书馆藏清末钞本。

② 龚缨晏：《南田岛的封禁与解禁》，载《浙江学刊》，2014(2)；龚缨晏、马先红：《中国古代海岛地图的若干特点——浙江图书馆藏〈南田记略〉中的海岛地图研究》，载《宁波大学学报（人文科学版）》，2014(2)；龚缨晏：《象山旧方志上的地图研究》，杭州，浙江大学出版社，2015。

③ 《明太祖实录》卷三十二，559 页，台北，"中央研究院"历史语言研究所，1962。

④ （明）郑晓：《吾学编》卷六十七《皇明四夷考上卷·日本》，36a 页，明隆庆元年郑履淳刻本。

⑤ (明)王士性：《广志绎》卷四《江南诸省·浙江》，见周振鹤点校：《五岳游草；广志绎；新校本》，278～279 页，上海，上海人民出版社，2019。

⑥ 《马国柱题为张名振欲攻崇明事末》(顺治十一年九月十一日)，见厦门大学台湾研究所、中国第一历史档案馆编辑部主编，中国第一历史档案馆满文部选译：《郑成功满文档案史料选译》，51 页，福州，福建人民出版社，1987。

⑦ 康熙《定海县志》卷三《海防·请复舟山议》，93 页，2006 年舟山市档案局馆整理本。

⑧ 《觉罗琅玕奏闻查明久禁荒地南田地方不便开垦缘由并绘图贴说恭呈御览》(乾隆五十二年十月十三日)，台北故宫博物院清代宫中档及军机处档折件，文献编号 403052005。

⑨ 《觉罗琅玕奏闻查明久禁荒地南田地方不便开垦缘由并绘图贴说恭呈御览》(乾隆五十二年十月十三日)，台北故宫博物院清代宫中档及军机处档折件，文献编号 403052005。

⑩ 《觉罗琅玕奏闻查明久禁荒地南田地方不便开垦缘由并绘图贴说恭呈御览》(乾隆五十二年十月十三日)，台北故宫博物院清代宫中档及军机处档折件，文献编号 403052005。

⑪ 《欧阳正焕奏请开辟浙省南田塓土地以资民生》(乾隆十七年)，台北故宫博物院清代宫中档及军机处档折件，文献编号 007893。

⑫ 《高宗纯皇帝实录》卷四百一十二"乾隆十七年四月上"条，见《清实录》第 14 册，395～396 页，北京，中华书局，1985。

⑬ 《喀尔吉善、觉罗雅尔哈善奏覆南田塓应请照旧永禁开垦折》(乾隆十七年三月二十九日)，台北故宫博物院清代宫中档及军机处档折件，文献编号 403001329。

⑭ 《高宗纯皇帝实录》卷四百一十二"乾隆十七年四月上"条，见《清实录》第 14 册，395～396 页，北京，中华书局，1985。

⑮ 《高宗纯皇帝实录》卷四百一十二"乾隆十七年四月丙午"条，见《清

实录》第 14 册，395～396 页，北京，中华书局，1985。

⑯ 《觉罗琅玕奏闻查明久禁荒地南田地方不便开垦缘由并绘图贴说恭呈御览》(乾隆五十二年十月十三日)，台北故宫博物院清代宫中档及军机处档折件，文献编号 403052005。

⑰ 《觉罗琅玕奏闻查明久禁荒地南田地方不便开垦缘由并绘图贴说恭呈御览》(乾隆五十二年十月十三日)，台北故宫博物院清代宫中档及军机处档折件，文献编号 403052005。

⑱ 《觉罗琅玕奏闻查明久禁荒地南田地方不便开垦缘由并绘图贴说恭呈御览》(乾隆五十二年十月十三日)，台北故宫博物院清代宫中档及军机处档折件，文献编号 403052005。

⑲ (清)庄士敏：《玉余外编文钞·上南田事宜书(代)》，收入(清)杨保彝辑：《大亭山馆丛书》，见贾贵荣、张忱石辑：《稀见清代民国丛书五十种》第 5 册，461～464 页，北京，国家图书馆出版社，2014。

⑳ 《户部尚书为民人呈请开垦事》(嘉庆十八年十月二十一日)，台北，"中央研究院"历史语言研究所内阁大库档案，登录号 049816-001。

㉑ 《闽浙总督庆保奏为浙省南田地方历久封禁大略情形拟委大臣前往确勘事》(道光二年四月二十七日)，中国第一历史档案馆，文献编号 04-01-22-0044-038。

㉒ [法]费尔南·布罗代尔著，唐家龙、曾培耿等译：《菲利普二世时代的地中海和地中海世界》第 1 卷，249～250 页，北京，商务印书馆，1998。

㉓ 《宣宗成皇帝实录》卷三十六"道光二年五月己丑"条，见《清实录》第 33 册，634 页，北京，中华书局，1985。

㉔ 《闽浙总督庆保奏为催勘南田禁山事》(道光二年六月二十一日)，中国第一历史档案馆，文献编号 03-2975-034。

㉕ 《浙江巡抚帅承瀛奏为朱桂桢自省起程赴南田查勘禁山情形事》(道光二年八月十三日)，中国第一历史档案馆，文献编号 03-2527-035。

㉖ (清)朱桂桢：《庄恪集·论浙江南田山开垦状》，收入(清)朱绪曾

编：《金陵朱氏家集》，见徐雁平、张剑编：《清代家集丛刊》第 57 册，652～657 页，北京，国家图书馆出版社，2015。

㉗　《觉罗琅玕奏闻查明久禁荒地南田地方不便开垦缘由并绘图贴说恭呈御览》(乾隆五十二年十月十三日)，台北故宫博物院清代宫中档及军机处档折件，文献编号 403052005。

㉘　谢湜：《14—18 世纪浙南的海疆经略、海岛社会与闽粤移民——以乐清湾为中心》，载《学术研究》，2015(1)。

㉙　《觉罗琅玕奏闻查明久禁荒地南田地方不便开垦缘由并绘图贴说恭呈御览》(乾隆五十二年十月十三日)，台北故宫博物院清代宫中档及军机处档折件，文献编号 403052005。

㉚　《浙江巡抚帅承瀛覆查宁波台州连界南田封禁地方私垦户口及开地亩实在数目事》(道光二年十一月二十九日)，中国第一历史档案馆，文献编号 04-01-01-0624-033。亦见《浙江巡抚帅承瀛奏为查办南田封禁地方情形事》(道光二年十月二十九日)，中国第一历史档案馆，文献编号 03-3386-073。

㉛　《浙江巡抚帅承瀛覆查宁波台州连界南田封禁地方私垦户口及开地亩实在数目事》(道光二年十一月二十九日)，中国第一历史档案馆，文献编号 04-01-01-0624-033。亦见《浙江巡抚帅承瀛奏为南田私垦民人散尽并妥为安顿等事》(道光三年正月十二日)，中国第一历史档案馆，文献编号 03-3387-001。

㉜　《浙江巡抚帅承瀛覆查宁波台州连界南田封禁地方私垦户口及开地亩实在数目事》(道光二年十一月二十九日)，中国第一历史档案馆，文献编号 04-01-01-0624-033。亦见《浙江巡抚帅承瀛奏为南田私垦民人散尽并妥为安顿等事》(道光三年正月十二日)，中国第一历史档案馆，文献编号 03-3387-001。

㉝　陈汉章：《缀学堂丛稿初集·南田志略》，14a 页，浙江图书馆藏 1936 年排印本。

㉞　赵尔巽等：《清史稿》卷三百七十九《列传一百六十六·赵慎畛》，

11600 页，北京，中华书局，1977。

㉟ （清）赵慎畛著，徐怀宝点校：《榆巢杂识》附录《武陵赵文恪公事略》，243 页，北京，中华书局，2001。

㊱ 同上书，244～245 页。

㊲ 《浙江巡抚帅承瀛奏为委员覆查南田私垦民人现已尽数解散并设法安顿事》（道光三年正月十二日），中国第一历史档案馆，文献编号 04-01-22-0046-003。亦见《浙江巡抚帅承瀛奏为南田私垦民人散尽并妥为安顿等事》（道光三年正月十二日），中国第一历史档案馆，文献编号 03-3387-001。

㊳ 《浙江巡抚帅承瀛奏为委员覆查南田私垦民人现已尽数解散并设法安顿事》（道光三年正月十二日），中国第一历史档案馆，文献编号 04-01-22-0046-003。亦见《浙江巡抚帅承瀛奏为南田私垦民人散尽并妥为安顿等事》（道光三年正月十二日），中国第一历史档案馆，文献编号 03-3387-001。

㊴ 《闽浙总督赵慎畛奏为浙省查办南田民人擅自垦种情形等事》（道光三年四月初十日），中国第一历史档案馆，文献编号 03-52-2976-009。

㊵ 《闽浙总督赵慎畛奏为浙省查办南田民人擅自垦种情形等事》（道光三年四月初十日），中国第一历史档案馆，文献编号 03-52-2976-009。

㊶ 《浙闽总督赵慎畛奏为肃清浙省南田禁地偷入煎垦游民并遵旨会议善后章程事》（道光三年七月十三日），中国第一历史档案馆，文献编号 04-01-01-0644-022。

㊷ 《吏部为南田禁地全就肃清由》（道光三年八月十二日），台北，"中央研究院"历史语言研究所内阁大库档案，登录号 180388-001。

㊸ （清）庄士敏：《玉余外编文钞·上南田事宜书（代）》，收于（清）杨保彝辑：《大亨山馆丛书》，见贾贵荣、张忱石辑：《稀见清代民国丛书五十种》第 5 册，461～464 页，北京，国家图书馆出版社，2014。

㊹ （清）朱桂桢：《庄恪集·雪泥鸿爪记·第三图南田禁山》，收入（清）朱绪曾编：《金陵朱氏家集》，见徐雁平、张剑编：《清代家集丛刊》第 57 册，659～660 页，北京，国家图书馆出版社，2015。亦见（清）杨殿材：《南田记略》，不分卷，34 页，浙江图书馆藏清末钞本。

㊺ 《浙江巡抚刘彬士奏为封禁南田案内奏准添建营房等工照案兴办以资戍守事》(道光八年八月初四日)，中国第一历史档案馆，文献编号 04-01-20-0012-020。亦见《浙江巡抚乌尔恭额奏为南田炮台坍坏请旨动项修办事》(道光十五年四月二十一日)，中国第一历史档案馆，文献编号 04-01-20-0013-022。

㊻ 《奏为遵旨查明南田禁山情形及石浦同知邓廷彩参款恭折奏闻》(道光十七年五月二十日)，台北故宫博物院清代宫中档及军机处档折件，文献编号 405000969。

㊼ (清)王先谦:《东华续录》“道光二十一年八月”，见《续修四库全书》第 375 册，615 页下，上海，上海古籍出版社，1995。亦见象山县志编纂委员会编:《象山县志》篇首《大事记》，13～14 页，杭州，浙江人民出版社，1988。

㊽ (清)魏源:《圣武记》卷十四《武事余记·议武五篇·军政篇》，见《魏源全集》第 3 册，561 页，长沙，岳麓书社，2004。

㊾ (清)夏燮:《中西纪事》卷七《闽浙再犯》，见沈云龙主编:《近代中国史料丛刊初编》第 11 辑，72～80 页，台北，文海出版社，1973。

㊿ 陈汉章:《缀学堂丛稿初集·南田志略》，18a～b 页，浙江图书馆藏 1936 年排印本。

(51) 同上书，19b 页。

(52) 同上书，19b 页。

(53) 同上书，19a～21a 页。

(54) 龚缨晏:《南田的封禁与解禁》，载《浙江学刊》，2014(2)。

(55) (清)庄士敏:《玉余外编文钞·上南田事宜书(代)》，收入(清)杨保彝辑:《大亭山馆丛书》，见贾贵荣、张忱石辑:《稀见清代民国丛书五十种》第 5 册，461～464 页，北京，国家图书馆出版社，2014。

(56) (清)杨殿材:《南田记略》，不分卷，33 页，浙江图书馆藏清末钞本。

(57) 《象山东门岛志略》编辑委员会编:《象山东门岛志略》，100、154

页，象山县机关印刷厂印刷，2000。

　　⑧　忻怡、郑明主编：《普陀传统木船制造技艺》，25～41页，杭州，浙江摄影出版社，2012。

　　⑲　佚名：《谈谈宁波帆船》，见宁波市鄞州区档案馆编：《近代鄞县史料辑录》上册，378～381页，天津，天津古籍出版社，2013。

　　⑳　忻怡、郑明主编：《普陀传统木船制造技艺》，28～29页，杭州，浙江摄影出版社，2012。

　　㉑　林茂春、吴玉麒：《鄞县渔业之调查》，载《浙江建设厅月刊》，第10卷，第4期，1936。

　　㉒　戴渠：《调查鄞县、定海、镇海三县渔业状况之报告》，载《浙江省建设月刊》，第6卷，第6期，1932。

　　㉓　林茂春、吴玉麒：《鄞县渔业之调查》，载《浙江建设厅月刊》，第10卷，第4期，1936。

　　㉔　佚名：《长江口外附近各岛渔业调查报告》，载《上海市水产经济月刊》，第2卷，第6期，1933。

　　㉕　民国《鄞县通志·食货志》，见《中国方志丛书》华中地方第216号，2027页，台北，成文出版社，1974。亦见《象山东门岛志略》编辑委员会编：《象山东门岛志略》，104页，象山县机关印刷厂印刷，2000。

　　㉖　[日]村上卫著，王诗伦译：《海洋史上的近代中国：福建人的活动与英国、清朝的因应》，208～209页，北京，社会科学文献出版社，2016。

　　㉗　(清)杨殿材：《南田记略》，不分卷，86～87页，浙江图书馆藏清末钞本。

　　㉘　同上书，77页。

　　㉙　同上书，79页。

　　㉚　同上书，89页。

　　㉛　同上书，99页。

　　㉜　同上书，100页。

新　　港

地中海甚至不只是一个海，而是"群海的联合体"，那里岛屿星罗棋布，半岛穿插其间，四周的海岸连绵不绝。地中海的生活同陆地结合在一起。地中海的诗歌多半表现乡村的田野风光。地中海的水手有时兼事农耕。地中海既是油橄榄和葡萄园的海，也是狭长桨船和圆形商船的海。地中海的历史同包围它的陆地世界不可分割，就像不能从正在塑像的匠人手中把黏土拿走一样。普罗旺斯的谚语说：

"赞美海洋吧！但要留在陆地上！"

因此我们不下功夫就无法知道地中海到底是怎样一个历史人物。要做到这一点，就需要耐心，需要作很多尝试……认为根据地理轮廓的虚线分割世界通史就可以把地中海手到擒来，持这些见解的历史学家必定倒霉。

　　　　——[法]布罗代尔：《菲利普二世时代的
　　　　　地中海和地中海世界》第一版序言

图 21　温州苍南大渔镇

2015 年夏末，承中山大学岭南基金会青年骨干教师培养项目资助，蒙美国耶鲁大学人类学系萧凤霞（Helen F. Siu）教授邀请，我有幸赴耶鲁大学麦克米兰国际与区域研究中心（Yale MacMillan Center for International and Area Studies）访问一年。母校中山大学南校园位于广州市海珠区新港西路，耶鲁大学本部则位于大西洋边康涅狄格州的海港城市纽黑文（New Haven）。Haven 意为港口，New Haven 即"新港"，它周边还有 East Haven、West Haven 等地名，显然是区分不同时期在不同位置开辟的港口。在这一年里，我跟国内的朋友们联络时常常笑称：我只是从新港回到"新港"。

周末的早晨，我与同在耶鲁访学的工程学博士后许钦常去纽黑文海边观光码头 City Point(城市角)的小店吃美国特色的"早午餐"(brunch),即 breakfast 跟 lunch 合二为一,很像广东人喝早茶。这家名为 City Point Kitchen 的小店的 brunch 有一道特色菜——煎蚝,新鲜的牡蛎裹着面粉油煎,起锅配上香草,外脆内润,特别可口。一开始我只念着 City Point 小店的煎蚝好吃,后来在耶鲁图书馆翻阅纽黑文的老照片和老地图时,欣然发现 City Point 的旧地名竟然就叫作"牡蛎角"(Oyster Point),还有几张 19 世纪末的老照片,记录了当时海边养蚝者的生产场面及其海边小屋。我也从网上浏览了一些康涅狄格州纽黑文周边牡蛎市场的旧海报,这才知道 19 世纪末 20 世纪初纽黑文沿岸是众多渔民聚居的地方,他们在昆尼皮亚克河(Quinnipiac River)沿岸打鱼,也在纽黑文港养蚝。我开始对纽黑文这座大西洋沿海城市的历史有了新的探索视角。

令我最感兴趣的是一幅绘制于 1931 年的题为

"Oyster Grounds State of Connecticut West Haven- New Haven/ East Haven-Branford in New Haven Harbor"的地图(图22)。这幅地图是以纽黑文城区及"牡蛎角"为画面顶点，整个海湾的海面则横七竖八地划分了诸多单元，细看图注，才知道是标示当时登记在政府税册的具有产

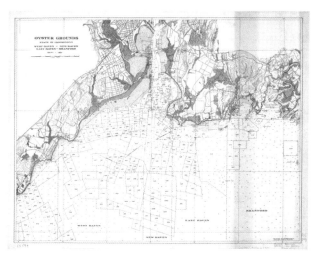

图22　纽黑文港蚝田地图
图片来源: Oyster Grounds, State of Connecticut, West Haven-New Haven/East Haven-Branford, September 1, 1931. Heaton R. Robertson, engineer of shell fisheries.

权的蚝田。陆地部分反而是留白，乍一看还以陆地是海洋，蚝田部分是岸上的农田。这令我忽然想起几年前参加《鸡山村史》编纂时的见闻，在珠海市唐家湾鸡山村离岸不远的蛇洲岛西南侧约20米的海面上，还有一方被当地称作"海界碑"的礁石（图23），年代为清代光绪年间。礁石上阴刻隶书"由此石起直线量至海贰拾伍丈之内为公地"，顶端横向阴刻隶书"大三"。关于这方"海界碑"的由来，说法不一。有人据1923年出版的《香山县志

图23　珠海唐家湾"海界碑"礁石

续编》卷六《海防》记载"一查湾仔银坑交界一带海岸自光绪十三年始由署前山同知萧丙堃派兵驻守"，认为这块海界碑应是光绪时期的海防标识。鸡山村的长辈则回忆称，海界碑应是他们的先辈关于海上养蚝海域达成的共识，具体即是碑文所表示"公地"之内，是大家共同作业的范围，在公地之外的海域，则专属于特定的蚝塘。①

鸡山村村口对出的海面是珠江口河海交汇处，海面辽阔，海岸蜿蜒，也是咸淡水交界之处，水质咸度适中，浮游生物丰富。鸡山村民说，他们很早就懂得用投放蚝壳的方式发展蚝业生产，鸡山养蚝历史逾百年，后来也成为珠海最大的养蚝基地。鸡山最早开发的蚝塘是大兴塘，该塘由鸡山唐氏隐翠公派下的长房、二房、三房所有，每房出资三千三百大洋，后来又开发了合安塘、公安塘、振远塘、贻和塘等蚝塘。（以上蚝塘分布，见图24）

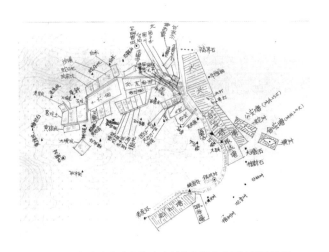

图 24　2014 年珠海市唐家镇鸡山村唐章雄先生手绘蚝塘地图

　　关于合安塘，据鸡山村耆老回忆，最早是清末由广东新会县崖门人拿出六七千两白银在唐家前环至鸡山海面所办的五六百亩的"合安蚝塘"。光绪三十三年（1907年），时任奉天巡抚的乡人唐绍仪回到家乡，他有志于创办新式学校以开民智，于是组织唐家、鸡山两村的父老乡亲，倡办"唐家大学堂"，并从崖门人手中取回合安蚝塘的产权，由两村合营，从每届蚝产的收益中抽取一定的金额，充作办学基金，不足之数则由两村族产补贴。唐家湾的近代历史，显然与这些蚝塘的兴办有着不可分割的联系。

早期养蚝采取自然放养的办法，蚝会黏附在岛屿周边的石头上，村民只须看守，无须下工本，但此种养殖方法出产的蚝的数量有限。后来，村民开始在山上、海边采集石头，投石入海，或将石头排成一排排，或直接乱扔下去，或堆成石堆，接下来就进入自然"发蚝"的阶段。通常是在水淡的时候放石，约在每年的五月。1949年以前，三年收获一次蚝，据村民回忆，当时的蚝体型庞大，直到 80 年代亦是如此，但现今所产的蚝无论是体型还是质量，都大不如前。最普遍的养殖方法是将石头扔在淡水处"发蚝仔"，再将其移到深水处培育。"秋风起，水蚝返"，农历九月、十月收蚝，此时海水较咸，黄泥充足，海水浑浊，蕴含丰富的肥力，村民一般称其为"泥根水"。有了"泥根水"，蚝就会自动向海面附近挪动，这个时候就可以收蚝了，一般为两年收一次。1949年以后，鸡山蚝业得到了迅速的发展，从1957年投放石方555立方米开始，到1987年共投放石方22 767立方米，水泥几百吨，养蚝面积达1 693亩，其中混合养蚝1 554亩，水泥支架吊养139亩，共开采鲜蚝肉585 700斤，蚝壳4 701 100斤。②

有关蚝场的日常运作以及生产关系，也是非常有趣的研究课题。前面我们追述了大捕船的历史，介绍了"长元制"下的渔业雇佣关系，而养蚝作为一项收益颇丰的产业，其中的劳力雇佣和日常经营也值得考察。2019年7月下旬，我赴巴西弗洛里亚诺波利斯(Florianopolis)的圣卡塔琳娜州联邦大学(Federal University of Santa Catarina)参加第三届世界环境史学大会。弗洛里亚诺波利斯位于大西洋西海岸，是巴西圣卡塔琳娜州首府，位于圣卡塔琳娜岛西岸，有吊桥连接大陆。会议期间，我得知弗洛里亚诺波利斯的周边都是优质蚝场，遂在休会期间兴冲冲地前去考察了几处。其中较大的一处，是位于弗洛里亚诺波利斯西南端海岸的 Paraiso Das Ostras（牡蛎站）蚝场，在我们的司机埃德森（Edson）的帮助下，我简单地和蚝场管理员聊了几句。管理员指着海上远处的一些浮标，说那是他们老板的一部分蚝场，别的地方还有不少。到了旺季，他们和岛上许多餐馆建立直销关系，把最新鲜的蚝供给高档餐厅，盛时每周可以销出一万打生蚝。我们去的时候还不是盛季，所以工人很少。最让我感兴趣的是，他说包括他们在内，弗洛里亚诺波利斯这一带的蚝场，雇用的工人都来自海地。我一开始没反应过来，毕竟这个加勒比海的国家我们并不熟悉，况且它跟巴西还有一定的距离。埃德森很耐心地重复和解释，我们才恍然大悟。关于他们来巴西务工的方式，管理员大致讲了一些，很可惜我听不懂葡萄牙语，埃德森尽可能用英语帮我翻译了一些，但毕竟他也不熟悉，因而也就省略了很多细节。返程路上，我们正巧遇到了两位下班的女工，她们正是来自海地（图 25）。夕阳下，带着轻微腥味的大西洋的海风轻拂着岸上的竹林，她们路过另一处蚝场的房子，正微笑着和她们的朋友挥手。如果不是不时看着手机定位，发现我旁边就是浩瀚的大西洋，我甚至有种漫步在珠海的鸡山村里，听着耆老们讲述往事的感觉。来自加勒比海的海地蚝工们，她们何以为家？还将扬帆何处呢？

图 25　巴西弗洛里亚诺波利斯的蚝场女工

海上的权力、权利和权限有着许多耐人寻味的故事。从新港到"新港"，我对海岛的研究产生了不少新的想法，这部书的基本框架，也是在那个时候萌生的。一方面，我有兴趣从国家的视角看待海疆治理的政策理念发展史，追溯内陆治理思维如何施诸海疆，从迁弃海岛乃至沿海地带，最终走向内地化治理的政治地理过程。另一方面，我试图追寻东南近海岛屿人群的足迹，追溯聚落生长的社会地理机制。梅尼埃（Andre Meynier）在《法国地理学思想史》一书中曾回顾了二战后人文地理学研究对"社会地理学"的探索，他认为社会组织方式常常与地理现象相伴而生，当人类群体因素的重要性大于空间要素时，"社会地理学"某种意义上可以单独划出来研究。他以罗什福尔女士（Renée Rochefort）的研究为例说明在意大利西西里岛的"金海螺"（la Conque d' Or）周围地区，灌溉水似乎已成为一种财富因素和幸福标志，甚至成为人与人之间互相敲诈、恐吓和剥削的工具，而如果想描述西西里岛西北海岸的帕莱姆(Palerme)地区，而不谈及"黑手党"，那将是徒劳无益的，从一开始就走错了方向。梅尼埃主张，社会地理学在阐明政治与军事事件的影响、人口迁徙的影响、失业和土地兼并的影响等方面，可以给人文地理学增加活力、扩展领域，并提出新的观点。③通过分析海岛社区中具备不同社会身份的各类人群在不同时期的制度下谋生、拓殖，我们可以进一步理解变动的国家和社会情境中人群的互动，从而探讨东南海域历史的变和不变。

写作这部小书，就是尝试以岛述史，从国家的视角考察明清海疆政策的渊源和演变，从人群活动出发追述具体岛屿、海湾、海港的史事，探求制度沿革背后的能动性关联，体会政治地理思想与实践之演进，思考社会的流动性和稳定性，尝试串起东南沿海地域的历史之链。

一、就渔卫商

明清时期海疆政治地理的焦点问题之一，是流动社会的安全和秩序。清代前中期有关海岛展复的政策论辩，集中反映在官方对于海上船只管理制度的调整过程当中。

从元明之际的方国珍，到明清之际的郑成功，海上枭雄称霸的重要基础，就在于其拥有数量庞大的舰队。山海之交，民盗身份的变幻莫测、兵匪利益的纠缠不清，与沿海航运之便利及海上经济之特质密切相关。明末徐光启曾主张开海，他写有《海防迂说》一文，对明代东南海上局势变化有着深刻的认识：

私通者，商也。官市不开，私市不止，自然之势也。又从而严禁之，则商转而为盗，盗而后得为商矣。当时海商多倩贫倭以为防卫，交通既久，乌合甚易。边海富豪向与倭市者，厉禁之后，又负其资而不偿，于是倭舡至而索负，且复求通，奸商竟不偿，复以危言撼官府，倭人乏食，亦辄虏掠。如是辗转酝酿……年来新例甚严，至用重典。当法立之初，奉行者少，私市之商，方舟连舰，舡只硝硝，精铁袚服，无不贩鬻。……制倭者何也？今之海船悉赝物耳，惟出海商船，不可得赝。俞大猷尝言，造船不如雇船，若非贩鬻，而令之造船应募，又无是理。惟官与之市，商贾既通，而籍数在官，亲识为之保任，有鬻舡于倭者以"私将军器下海律"论抵重辟，则商舡必多，亦皆坚致。一遇有事，随可雇募为捍御之备。④

徐光启深刻地阐释了商、民、盗身份之转化及其与海疆治政之关系，他还特别提到了出洋商船对于海防的重要意义。

顺治八年(1651 年)后，清廷对舟山群岛几番征战，无论胜败与否，都以禁海告终，并选择战略撤退。顺治十一年(1654 年)，秦世祯接任浙江巡抚，他很快洞悉了其中的奥妙：

自鼎革之初，当事诸臣未悉海上情形，严禁寸板不许下海，遂有弃家乘船，相从为贼者，十余年来接济勾引。虽屡申饬，而内地奸民曾不乏人，贼在海洋日益繁集。臣密察其故，皆由守汛将领借禁海之名，收渔人之利，每船索例不等，暗放采捕，并无稽查。督抚禁令愈严，弁兵诛求愈重。⑤

谢林辉在研究中对顺治十一年至十二年(1654—1655 年)秦世祯在浙江推行渔船编甲的过程有详细阐述。顺治十二年四月，秦世祯上《密陈渔船编甲出洋疏》，既主张厉行海禁，也接受了兵巡道黄鼎象关于"对渔船编甲，令将领统辖，以按时采捕"的建议，并主张建立常规管理制度，将渔船报官编入保甲，进而变渔船为战舰。五月十五日的九卿会议肯定了秦世祯的提议，然而就在五月，闽浙总督佟代上题本《欲奏奇功先绝饷道》，主张严行海禁。显然，督抚意见不一，情形十分尴尬。为此，兵部不得已折中处理，强调厉行禁海与渔船编甲并行，浙江方面渔船之编甲由浙江巡抚负责，沿海其他省份则一律不准私帆入海，否则从严处置。⑥不难看出，这种"差别"政策，使得浙江海域一方面成为某种渔业"特区"，另一方面则须面对其他海域因海禁而逃逸或私闯外洋的违制船只，管理负担自然也就随之增加。

顺治十二年十月，郑成功派部将逼降镇守舟山的清军将领，十二月二十四日，清廷派固山额真伊尔德为宁海大将军前往宁波，进剿舟山，结果发现，海上数千艘船"半系闽海从贼渔船"，危急之际，秦世祯下令将宁、台、温三道所管渔船全部召回内港，"不许私放一船，俟事平另议采捕"。⑦随后几年海禁政策趋紧，最终催生了顺治十八年(1661年)迁海令的实施。

从康熙初年部分展界到全面开海，对海上船只和人户的管理一直是海疆政策的重点。近年来，杨培娜深入探讨了明代中后期至清前期闽粤沿海渔业课税及渔民、渔船编管制度的沿革。她指出，由于明代中后期围绕濒海滩涂海界的圈占和争夺的情况层出不穷，从清初开始，朝廷多次试图理清濒海海界问题，清代中期以后，清廷基本上认可了海界的存在，通过发给印照、收取埠租渔税等形式，在地方官员的管制和濒海民众的利益之间达成某种平衡。康熙开海之后，为了实现对濒海地区渔户的有效管理，官府在吸收既有经验的基础上，抓住濒海民众最重要的生活、生产工具——船只这一关键，利用船只与陆地上固定联系地点，通过澳甲、船甲等方式加以稽查、编管。此类制度主要源于福建，随后推广到广东地区。地方官员尝试在沿海地区对渔船进行登记，重新派征渔业课税，其背后与清王朝意图解除以郑成功家族后裔为代表的"海主"势力对濒海资源的控制以及确立濒海新秩序有关。此外，既然开海初衷在于收得海贸之利，而要获取货利，就须借助沿海商民之力，于是清廷对沿海私人商贸船只的态度就从限制转为对其安全的保护。⑧顺着这一治理逻辑，商、渔分开，也就成为一种趋势。

许多研究者都注意到《雍正会典》所载康熙四十二年（1703 年）关于商渔船规制的相关限定：

　　四十二年覆准，海洋渔船止许单桅，樑头不得过一丈，柁工水手不得过二十名，取鱼不许越本省界。未造船时，先具呈州县……澳甲长船户保结……四十二年覆准，商贾船只许用双桅，樑头不得过一丈八尺，柁工水手不得过二十八名……造船时，先具呈该州县，取供严查，确系殷实良民，亲身出洋，船户取具澳里甲各族长并邻右，当堂画押保结……其有谋利富民、自造商船租与他人及租船者，俱责四十板，枷号三个月……⑨

其中，诸如"商船军器以防不虞，定数炮火不得过两位，鸟枪不得过八杆，片刀腰刀不得过十五把，火药不得过三十觔"等规定，显然对商船有所眷顾，而有关渔船不许用双桅、不许越省界的规定，则多有不便。经闽浙总督梁鼐等官员提议，清廷于康熙四十六年（1707 年）批准浙江渔船可用双桅，并且可以越省。康熙五十年（1711 年），范时崇任闽浙总督，他认为渔船从事海上采捕需要双桅辅助，然而允许越省又可能失之过松，于是允许渔船双桅，但不许越界。⑩康熙五十三年（1714 年），兵部进一步规定：商、渔船要前后各刻"商""渔"字样，两旁刻某省某府州县第几号商、渔船以及船户姓名，商、渔各船上的人员都要给腰牌，刻明姓名、年貌、籍贯以便巡哨官兵稽查。⑪康熙五十八年(1719年)又规定，"将客商责之保家、商船水手责之船户货主，渔船水手责之澳甲"，到康熙五十九年(1720年)，商、渔船都不再允许携带武器。直到雍正五年(1727年)南洋贸易的禁令解除后，有关商船武器的限制才逐步放宽。⑫

日本宽政十一年(1799年)刊行的《清俗纪闻》⑬难得地保存了乾隆六十年(1795年)办铜官商钱继善及其船户范三锡所持洋船出口的若干单据，包括平湖县县照、挂号单、海防厅联单、浙海关商照、浙海关商船照、宪照等7件(图26)，这套单据组合与相关规定十分契合。从县照、商船照中的条文来看，康熙四十二年(1703年)及其随后出台的有关出海船只形制、航行的规定，也得到了确切的体现。当然，由于这艘船的性质乃采办官铜之商船，对其管理比较规范，单据比较齐整，完全可以理解，至于同时期的其他商船是否都是如此，还是得打个

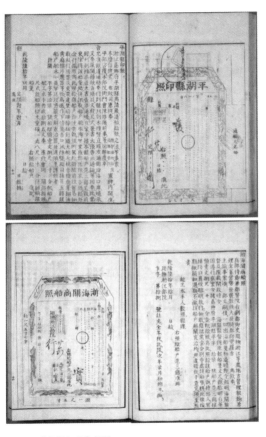

图26 《清俗纪闻》书影

图片来源：[日]中川忠英辑：《清俗纪闻》卷十《羁旅》，
11b～12a页，宽政十一年刊本。

问号。

关于康熙后期颁布的此类制度，刘序枫认为，其规限不可谓不严，但要看到，商渔船只登记之基础，是澳甲制的施行，官方力求通过各种具结、保结及连环互结的规定，有效控制出洋船只和人员的不法行为，加上一连串对造船规模、船只构造、承载人员、装载货品、食米、饮水、船材、武器、出洋期限等的规定，确实对造船、航运、海外贸易及移民、海洋开发造成影响，进而导致造船技术衰退，影响到水师战船的质量。然而，这些管理制度在施行时，其具体成效又因地、应人（如地方官员收贿等）等因素而变，是否严格执行，要打个问号。如果看到乾隆后期福建沿海地方员弁之废弛，也许就十分明显了。到了乾隆后期，据官方报告，当时航行海中之商渔船只，并无一船符合实在尺寸。为了防盗，政府要求沿海员弁对一般船只樑头之计算不再斤斤计较，只求检查伪装之匪船。[14]

不难想象，真要对海上船只进行日常的全面稽查，需耗费极大的行政成本。随船出海的人员结构比较复杂，如道光《厦门志》所述：

> 造大船费数万金。造船置货者，曰财东；领船运货出洋者，曰出海；司舵者，曰舵工；司桅者，曰斗手，亦曰亚班；司缭者，曰大缭：相呼曰兄弟。[15]

商船船主往往并不亲身在船，而是将注册的商船转租他人，从而导致匪人驾船在洋行劫。为此，担任过黄岩镇总兵的许国桂曾上疏建议缭、椗、舵、斗四项必须用本县人，船主必须亲身出洋。[16] 这显然也只是官方的一厢情愿，实际的情况大多是"一租再租"。拥有雄厚资金和深厚背景的海商豪族，常常利用养子或雇用富有航海经验的货商担任船主。清初开海以后，海外贸易的丰厚利润极大地激发了造船的热情，以至于出现了倾家荡产造船者。船只租赁成为一种普遍的经营方式，一主有船四五十艘的情况屡屡出现，岛民从事雇佣舵水的情况也相当普遍。不仅如此，船货兼营的经营方式还向租赁方式发展，舵水人等的招纳则开始采用纯金钱雇佣关系的方式⑰。到了乾隆三十年(1765 年)，朝廷只好规定如果船主实在不能亲身出洋，可以让其亲属代替，向州县官呈报即可。⑱政策摇摆之间，东南沿海航运的经营方式也正在转型之中。

康熙五十年(1711 年)六月，闽浙总督范时崇上书论闽浙海防，其中言及商船与渔船的区别：

> 商人造船置货，资本自饶，即或船系雇募，货非一商，大约以本求利，未肯为非作歹。若渔船之所有者，不过网鱼之具而已，原无厚赀，难守恒心。即其初意，未必尽怀不轨，及至鱼无所获，食

又不充，急而走险，势所不免。⑲

基于这种认识，一方面需要保护商船，以收开海之利，另一方面需要管制渔船，以保海运无虞。沿海官兵有时会采取雇募民船或假扮商船的做法诱击海盗⑳，于是，范时崇提出了一个颇有创意的"就渔以卫商"方案：

渔船之越省，急宜停止，而就渔以卫商之法，宜讲也……惟各省沿海渔船，皆令沿海之水师以统之……凡渔船远出外洋，酌拨营船，随之偕往。凡渔船为非，专兼各员比照营兵为盗例处分。营员畏有处分，自必跟随渔船远出外洋。是昔之游巡，徒有虚名，今则可收实济矣。营船既统渔船以出外洋，则内洋商船行驶不孤，商船行于内，渔船卫于外，此就渔以卫商之法，亦即寓兵于农之意也。……至于编号记认，听各营自为编识，庶渔船乐于听命，而盗风得以少息。凡此渔船，皆就双桅远出者而言，若沿海小船，仍令州县给照，编甲稽查，令朝出暮归，不许盖板，不许带米。此等有犯，州县照滥给船照、营员照失察汛口处分。㉑

将水师游巡与渔船管制"捆绑"行于外洋，给予商船内洋航行之自由，是这一方案的关键。至于该策是否得到推广，我们还不清楚，或许可以推测，这种"就渔以卫商"的理念，催生了后来的巡洋会哨制度。

范时崇的奏折还透露了州县滥发船照的突出现象。乾隆朝之后，可能普遍的情形是，许多船只并没有领取船照，甚至不需要船照。乾隆三十二年(1767 年)闽浙总督苏昌、浙江巡抚熊学鹏奏称：

温、台等处洋面渔船，每遇渔期，在洋张网捕鱼，名曰守行。此等守行之人，因在本境，并不出

洋贸易，是以向未给照。㉒

对于不同的鱼种，渔民会采用不同的海面作业方
式，除了海面作业，还有岸上的延伸，不难想象，要在
民船中一体推行船照登记，操作上困难重重。尽管官府
决定浙闽商渔船只"一体给照"㉓，然而，即便颁发了船
照，每一艘船特别是渔船，与船员身份也不一定能一一
对应。因此，雍正六年(1728年)特别出台了新规定：

> 福建省商船值渔期欲出海取鱼者，赴地方官呈
> 明，换领渔照，取具澳甲里族各长并邻右保结，同
> 船连环互结，准其入海取鱼。俟渔期过后，将渔照
> 缴销，仍换给商照。㉔

之前已提到，渔汛对于海上世界来说都是特殊的时期，
对于东海海域而言，闽粤商船、渔船在渔汛期大规模北

上，这是年复一年的常规作业，官员们也都清楚。商船可以换领渔照出海捕鱼，在制度上虽呈现为福建事例，但实际上是东南海域渔业的普遍要求。谢林辉还发现，尽管渔、商船只在修造和出入口岸时各自领有不同的照票，但根据雍正七年(1729年)六月《浙海钞关现行收税则例》的规定，"贸捕船只"的樑头税银是一齐征收的，也就是说，船只出入口时是难见区别的。㉕

从以上事例也可以看到，商照、渔照之互换既存在政策空间，也契合现实需要，不可截然分开。渔船可以经商，商船也可以捕鱼。嘉庆年间阮亨就曾说："向来兵船严紧，捕鱼有利，则盗化为民；兵船不紧，捕鱼无利，则民即是盗，又相为消长者也。"㉖道光年间曾署鹿港厅事的陈盛韶也认为：

商船通商，渔船网鱼，实则配运与不配运而已。商船造报，地方官量烙书帆，讯取里邻甘结，毋许夹带禁物，给以牌照，由文武口查验过戳，方准南北经商，赴台配运官粟。渔船造报，量烙书篷，取结给单，与商船同。惟准沿海一带，载货生理，网渔纳课。其远渡重洋至台湾者，皆云遭风，寄碇行保，不出保结，不配官粟。然则鹿港商船数百，今止五十余号，奈何？曰：富商日少，船坏难复，去其一；贩运失利，配运避累，去其一耳。……然则商船得无变为渔乎？曰：有。渔船即贩运利薄，自来自去，最为轻捷。商船运载官谷，缓急不能自便。渔船虽有寄碇使费，较之配运尚少。商船如配运百石，三次即须赔银四五百圆。巨富之家本大利大，犹堪胜任，中下户势必累至倾尽家资，逃散流离，欲其不变商为渔得乎？然则兵谷积滞，曷令渔船一律配谷也？曰：否。可择配，不可概配。㉗

如此看来，变商为渔也是商船运营者的一种选择，渔船不仅可以和商船一样承运货物，而且享受手续上的便利，这种做法也得到了一些有识之士和地方官的认可，因此乾隆三十年(1765年)出台了新规定，此后除了商船仍遵旧例办理外，凡渔船造报，只需将船主年貌、籍贯填写入照，并将船甲字号于大小桅篷及船旁大书深刻，然后"照后多留余纸，出口时，令守口员弁将该渔船前往何处、作何生业，并在船人夫姓名年貌籍贯查填入照，钤盖印戳，并登号簿。遇有为匪，即可按簿查缉"[28]。从表面上看，这似乎是对渔船人员严加稽查，但实际上不难看出，仅靠年貌、籍贯以识别身份，多留余纸可出口签发等规定，政策空间都相对灵活，有利于渔船出洋经商，而且貌似严格的规定也很容易在执行中走样。乾隆三十七年(1772年)六月闽浙总督钟音就曾批饬：

      商渔给照，惟任之澳甲、船保、胥吏朦胧缔

结，即予给照，柁水既未点验，船只亦未赴勘，以致油饰书篷只成纸上空谈，刊刻字号亦属虚应故事。甚至牌照逾限，又不严查换给，听其飘流各省，竟不过问。及至押回换照，又任其捏饰遭风失水，代为捏详销案。且照票任其借顶转售，可以一照而影射数船。推原其弊，皆由于不书篷、不刊号，可以张冠李戴，而在洋游移之船，皆属无字无号之艘。㉙

由此可见，商、渔互换，牌照流转，在浙、闽两省已是常有之事，官方所谓严加通饬，也只是督促"沿海各属渔船仍照议定章程着令船户自行如式刊刻书写"㉚。春、冬二汛，闽、粤渔船前往浙江海域捕鱼是向来的传统，乾隆二十二年(1757年)，时任福建巡抚的钟音就曾下令，在浙省的歉岁，将前往浙捕鱼的船民每人每日三升的额带食米标准提高六升。㉛到了乾隆四十一年(1776

年），更强调由于闽省产鱼稀少，每年春、冬二汛准许渔船挂配渔盐，前往浙省定海、镇海、象山三县洋面采捕。㉜从官方的叙述中可以看到，不少渔船在冬汛之后，并未按规定由舟师押令回籍，而是在浙省逗留过年；还有一些闽省沿海居民，因为"北洋生理熟识，即在温、台、福、宁一带租赁船只、捕渔看网为业"㉝。浙、闽两省协调跨省航行的商渔船只及其人员的登记管理，进行纠纷处置、定案驱遣，种种治理事务，均非轻而易举。因此，雍乾年间制定的水师巡洋会哨制度，常常徒具形式，缺乏实效㉞，也就不难理解了。

在《福建省例·船政例》有限的官方文献叙述背后，我们还可以感知两省商渔船在东海海域竞逐货利、渔利的高涨气氛。嘉庆年间沿海团练兴盛、海上战事频起，也与此有关。

从康熙后期到乾隆中叶，海上船政的变动影响了官府对海岛社会情形的判断。乾隆五十九年（1794 年）浙江巡抚觉罗吉庆就认为："浙省海洋界连福建，每当南风顺利，闽省渔船多赴浙江采捕。鱼汛旺盛，则获利益；偶然乏食，辄肆抢劫，本地渔船亦有被诱入伙者。然时聚时散，并无定所，与康熙年间洋盗依据海岛情形迥异。"㉟觉罗吉庆眼中的海岛，不像嘉靖年间浙闽提督王忬所说的"皆贼巢也"㊱。事实上，官方也逐渐放松了各种禁闭限制，譬如定海县衢山岛的倒斗岙、沙塘、癫头屿、小衢山，宁海县的金漆门、林门二处虽然都属于禁地，得知每年渔期都有人搭厂贮鲞贸易之后，兵部经商议，决定此后巡防官兵只需查明人、船情况造册禀报即可。㊲到了乾隆五十五年(1790年)更是明确指示：

　　浙、闽两省海岛居民甚多，已成市肆，不便概行焚毁驱逐。所奏是，自应如此办理。沿海民人居住海岛，久已安居乐业，若遽饬令迁徙，使濒海数十万生民，失其故业，情殊可悯。且恐地方官办理不善，张皇滋扰，转致漂流为匪，亦非善策。所有各省海岛，除例应封禁者久已遵行外，其余均著仍旧居住，免其驱逐。至零星散处人户，僻处海隅，地方官未必能逐加查察，所云烧毁寮房、移徙人口，亦属有名无实。今各岛聚落较多者，已免驱逐，此等零星小户，皆系贫民，亦不忍独令向隅，而渔户出洋采捕，暂在海岛搭寮栖止，更不便概行禁绝。且人户既少，稽察无难，尤非烟户稠密之区易于藏奸者可比。自应听其居住，毋庸焚毁。⊗

"数十万生民"虽非确切统计数字，但出自上谕，恐非子虚乌有。面对闽浙沿海岛屿逐渐成形的聚落和居民，朝廷倾向于闽浙总督伍拉纳的意见，即除了少数仍例行封禁的岛屿外，听令民人居住岛屿、采捕搭寮，而不是赶尽杀绝。

回溯上述过程，我们可以更好地理解，为何海岛复垦案在雍乾时期逐渐浮出水面，为何乾嘉之际南田私垦者由闽、粤籍转为以宁、台、温籍为主，也对乾隆以后象山人仿照闽人造大捕船、本地渔帮逐渐壮大的制度机缘和社会情境有了更多的了解。

二、化私为公

蓬莱虽远，扶摇可接。本书提及的诸多浙江海岛，并非遥不可及，有的甚至近在咫尺，然而，当我们探寻明清时期的海疆历史，我们始终面临着一个长期的海岛迁弃的政治地理传统和文献话语倾向。

明清舟山群岛的迁遣和展界，集中反映了国家依据内外形势调整海疆经略的曲折过程。明初海岛的弃守，与元明之际国家军事、政治、经济地理的变迁密切相关。对于具体岛屿来说，王朝的处置方式及政策演变趋势亦不相同，部分岛屿较早被纳入海上漕运体系，但后来却逐渐难以控制；部分岛屿曾被纳入卫所军事管制体系，此后却处于松懈的半废弃状态；部分岛屿在历次军事征服后长期被弃守。明中期以后，王朝对于浙江海岛的整体经略，长期存在弃与守之间的两难抉择。

关于明初海岛的迁弃，前面章节已有较多叙述，舟山"复翁堂"的传奇故事更是生动地表露了明初徙民迁而未绝的实情。关于迁弃海岛是否合理、可否开禁的问题，不少明代的官员和士人从海防的角度亦展开了不少讨论。万历中期，鉴于浙江防倭形势紧张，时任浙江按察使司管海兵备道的范涞，领浙江巡抚之命，在郑若曾《筹海图编》及《海防类考》的基础上，编纂了《两浙海防类考续编》十卷。该书详于浙江沿海兵卫，据说书成之后，浙江巡抚令各沿海兵道、府衙有司，以及参将、游击、备倭把总衙门，自备纸张到省城各抄写一份，带回各地遵照施行。㊴可见其影响之大。范涞在该书卷八中编纂了"羊山防守""陈钱向导""普陀禁约""海山沿革"等小节，叙述浙江沿海岛屿的海防情况，特别是"海山沿革"一节，集中追述了浙江宁、温、台三府沿海诸岛的治政演变，对各种政策观点也有所辨正。

岛即是山，海山之间，讲求利害，是大多数海防政策论辩的焦点，范涞用几句话反映了当时的主流观点：

> 天下之利，莫利于安澜，莫不利于波沸；收尺寸之利而因得须臾之安者，利之利也，倖尺寸之利而遂基潜伏之忧者，利之不利也。[40]

即认为开复海岛得不偿失，宁可禁闭，或者起码维持弃守状态。这类观点本来是有望得到"纠偏"的，然而，明代中期海岛通倭事例的频发，如正统七年（1442年）居民入山采薪入寇案[41]，令海防官员谈岛色变，毕竟通倭大罪，没有任何讨论的余地。

如前文提到的定海知县缪燧，虽生于东南，初至海上，仍被"讨海"之盛景所震撼，遑论其他内地官员。大多数外来官员习惯于用农耕编户的陆地思维来考虑行政负担，将海上人群视为乌合之众、亡命之徒㊷，认为开复海岛只会造成尾大不掉的被动局面。

而另一方面，海防关乎军事策略，不少明朝官员也在考虑基于卫所体制下的屯田设置，遂有人认为：

> 今之议开者，他无可为，独屯田一节，然聚而耕，必聚而食，亦必聚而虑，进至产而积储，势必日益壅富，而剽窃，而攘夺，势必日益烦扰，久之而民不胜侵，官不胜治。㊸

显然，明代中期内陆及沿海地区屯田隳坏、违规贩卖流失的负面事例，令人不寒而栗。对于沿海卫所屯田体制的坚持与否，也与明中期官府对于社会动向的判断有关。陈春声曾集中讨论明清之际金门及邻近海域的"海盗"问题,他指出,明代漫长的海岸线上,相互间距离达数十里至近百里的沿海守御千户所的存在,更重要的是海防的象征意义。所以,即使是地方官府进行了户籍编审,其百姓已成为朝廷的编户齐民的海岛和沿海地方,官府的控制力量也是相当薄弱的,百姓"违禁"仍然是其日常生活的一部分。"盗"与"民"之并存,实乃当时东南沿海社会的实态,而"盗"与"民"之间的对立与紧张,常常是了解朝廷典章制度的文人们和对地方统治秩序负有责任的官员们制造出来的,对于一般的百姓来说,除了战乱发生,特别是官军前来围剿的时候,在大多数情形下,他们并未觉得日常生活中"盗"与"民"之间真的是势不两立的。⑭可以说,历次迁遣政策的实施,总体上源于王朝对东南海上秩序缺乏足够的控制力。海岛人群及财富的流动性也给官方治理带来了实际困难。

明清之际,南明部将利用浙闽海岛的区位优势,拥兵自重,与清朝周旋。南明政权后期所谓"分饷分地",

显示了其松散分裂的局面。在弱肉强食的海上混战中，胜出的部将成为诸岛的实际控制者，这就形成了明清之际的所谓"海上藩镇"时期。此时海岛社会经历了土地、税收及其他财富重新分配的社会重构。清初征伐南明部将及岛寇，胜败参半，遂使清廷愈发失去对浙闽海岛的掌控能力，视其为寇仇。沿海"迁界令"之实施，针对的就是盘踞于东南海岛的敌对势力，是明代海岛迁而未复所导致的进一步战略退缩。

穆黛安（Dian H. Marray）在其名著《华南海盗：1790—1810》中提出了"水上世界的政治地理"的概念。她指出，水上世界的居民根本就没有边界概念，鱼类是不可能识别政治边界的，绝大多数居民生存的关键是在边界两侧不受拘束，来去自由。长期聚焦内陆事务，尤其是西北地区事务的清朝官员，将海洋视为一个含糊不清、与世隔绝的世界，对其在海上的行动、节奏和动力方面采取了与陆地截然不同的态度。对于居住在水上世界的渔民和商人来说，区分"内海"和"外海"的界线只具有生态学上的意义，即水的深度、离岸的距离、鱼群的出现等。相反，对于政府官员和文人学士来说，区分两片海域具有极大的心理学意义，是一件关系到人的观念而非实际海况的大事情。水上世界的政治地理最鲜明的特征之一，就是看外海距离海岸的远近。狭窄的内海地带就标志着王朝海上统治的最大范围了。由于未对沿海控制予以足够的重视，清朝的官员们丧失了抓住海上军事主动权的机会。㉟穆黛安侧重于讨论清政府对待中越两国陆海边界的情况，其实，在明朝、清朝的大部分时间里，朝廷对于东南沿海地区和近海岛屿的政治地理观念，亦有着相似的演变趋势。

东南岛屿的展复过程，曲折而漫长，贯穿整个清代，越来越多的岛屿逐渐建立了常规的行政区划建置。东亚海域贸易传统的长期延续，浙、闽、粤渔舟商舶乃至西洋商舶的频繁活动，在康熙开海之后，成为官方需要直接面对的海域景象。历次迁界政策中留居海岛、占垦私煎，或者漂浮不定、往来通商的海上人群，更是官方建立地方行政之后在政策和心理上需要去接纳的。海岛展复与沿海复界一样，其过程方式复杂，其规制建置各异，总体上呈现为渐次展复。舟山本岛的展复，是定海新县建立之前由原来的定海县进行运作的；从属于金塘、蓬莱、安期三乡的各个岛屿，则是在定海新县设置后渐次展复的；至于衢山等岛屿之难开，绝非舟山所仅有，南田岛的展复便是历经周折，迟至晚清才实现。

讨论历史上的疆域与领土，历史地理学者一般认为，领土的拥有者都有明确的领土意识，疆域的拥有者却未必有这样一种主权意识，而往往根据各自的标准来决定哪里属于自己的疆域；领土是以明确的主权为根据的，但疆域所指的地域则不一定有非常完全的主权归属，中国历史上的中原王朝除了拥有主权很明确的正式行政区以外，往往还有不少属国、藩国、羁縻单位等各种附属的、接受监护的或自治的区域。⑯在社会学和政治学领域，学者们亦对传统国家的领土权与民族—国家的领土权进行区分讨论。譬如，吉登斯（Anthony Giddens）就认为，传统国家的"边陲"与民族—国家的"国界"两者之间具有显著的差异，如果"政府"（government）指的是国家专注于对其声称自己所有的全部领土实施正规化的行政管理，那么，将非现代国家中所见到的典型的统治形式称为"政府"，就会对人们产生误导。传统国家并不实行这种意义上的"统治"。⑰如果把明清中国，或者至少从明初至 19 世纪中期的中国视为传统疆域型国家的话，我们可进一步讨论与"封禁"和"展复"有关的政治地理演进问题。

从明初迁弃海岛到清初沿海迁界，海岛政策大致经历了以强制徙民到厉行肃清，再到永远封禁的三番转变，治理方式大概经历了民政撤离、军事管制、坚壁清野三个阶段。从疆域空间上看，似乎呈现出战略撤退所导致的边界内缩；从政治地理观念上看，迁遣抑或是封禁，不是领土的放弃，而是空间管控的不同形式。至于"奉旨永远封禁"之类的政治地理口号，形式上是封禁之"升级版"，实际上大多出自政治权衡，以封禁为由，处理含混之境，敷衍应对开禁之势。

"封禁"策略并非海疆之专属，明清时期在内陆山区和边疆亦有不少个案值得关注。清代初期，朝廷针对蒙古、东北战乱之后土地荒芜、百姓流亡的困境，一度要求官员招徕劝农，鼓励关内汉族百姓到关外垦荒。后来因为辽东招垦效果不佳反遭流民生事，对于蒙古之垦殖又惧怕内地民人染指藩部事宜，扰乱清廷统治秩序，于是从乾隆朝开始，清廷开始对蒙古、东北实行封禁政策，出台了《清查奉天流民事宜》等严厉的措施。不过，迫于天灾，出关流民激增，官府实际上只能对封禁地采取明禁暗弛的政策。直到鸦片战争以后，为了增加国库收入，加强边防，抵御沙俄的进一步侵犯，清廷才开始改变在蒙古、东北的封禁政策，明令在局部地区实行开禁。⑱

近年来，还有不少学者关注明清内陆地区的"封禁山"问题。邱仲麟集中关注明清浙赣交界的"封禁山"——云雾山的采木事件，他发现，按照明代行政流程，山地之封禁与开禁，必须先经过州县官员勘查，接着由知府及省级官员履勘，巡抚再依据勘报撰写奏疏上报，皇帝循例责成相关部院议奏，最后下旨做出定夺。实际的情形则是，在两造彼此交锋的过程中，不论是根据勘查实情陈述，抑或编造理由以混淆视听，都必须提出撼动决策者的意见或说辞，这就使得史料里呈现出来的"封禁山"面目多变，甚至神秘莫测，围绕封禁及开禁的争议，也与地方治安、宗族群体、经济利益、政治角力、行政归属问题纠缠在一起。⑲

闽、浙、赣、粤界邻山区的封禁山问题，还牵涉到明代的矿政。唐立宗考察了明代各地的"矿盗"事件，他指出，在明中后期，原来在浙、闽交界地区活动的矿徒，逐渐转往南直隶、浙江、江西交界等地发展，也有一些江西、福建的流民，因生存竞争，陆续进入闽、粤、赣交界，在粤东山区内进行季节性采冶。明代的官方政策无论是封禁或鼓励开采，其着眼点都是在确保"普天之下莫非王土"的矿利之权，而民间开采风气亦屡禁不绝，地方社会亦不愿配合政府的开矿政策，遂造成官民在坑冶间相互竞利，最终两败俱伤。⑩上田信亦曾撰文专门讨论江西广信府著名的"封禁山"——铜塘山和九岭山的历史。这两座山从明代开始封禁，在乾隆年间朝廷鼓励垦荒的浪潮中，江西巡抚陈宏谋等官员开始讨论封禁山的弛禁问题。上田信指出，陈宏谋"弛禁论"的关键在于将山林之地转为百姓之恒业，从而将私垦之人转为定居之民。然而，其他官员在弛禁与治安的政策辩论和博弈中，总是倾向于维持原状，对于垦殖所能带来的未来利益又存在分歧，遂造成封禁之延续。⑪

道光年间刊行、由贺长龄和魏源辑录而成的《皇朝经世文编》收录了乾隆九年(1744年)陈宏谋关于广信府铜塘山开禁问题的《请开广信封禁山并玉山铅矿疏》㊵。在这篇奏疏中，陈宏谋认为，前朝对广信府铜塘等山封禁的范围本来就过大，且封禁既久，百姓已在其中垦荒种植，完全具备了耕种的条件。他还指出：

　　　　此山若为开矿取木充公，则滋扰无益，可以不开，若听民为业资生，则开之实为有益也。……此等深山大壑，各省皆有。际此昌期，边远苗疆，在在开辟，此一隅腹内之地，永远封禁，弃为废壤，未免因噎而废食矣。㊶

陈宏谋的这番辩论，强调封禁之初衷已经过时，而且听民开垦，不同于开矿取木充公，其潜台词即不能重蹈晚明税使矿监之祸，而是鼓励务本。在这篇奏疏的末尾，陈宏谋也讨论了开矿问题，认为广信府玉山县的广平山，勘明产有铅矿，村庄、坟墓稀少，适合开采，而且以本地之人开本地之矿，亦不致生滋扰之事。

然而，在陈宏谋两次请开封禁山之后，经过三省勘察，结果却是仍旧制而行封禁。乾隆二十年(1755年)胡宝瑔调任江西巡抚，对于时人提出的开禁之请，他认为：

> 既无可垦之地，亦无可用之材，挖土试验，又无矿苗……官办则糜费无益，民办则赀本难酬，且其势必添驻文武员弁，而建署无地，贸易不通，断难孤处岩壑。总之，禁则并无弃利，开则必有遗害，嗣后永宜封禁。(54)

《皇朝经世文编》卷三十四《户政九·屯垦》将陈宏谋与胡宝瑔的奏疏一并收录，置于雍乾年间诸篇开荒奏议之末，紧随其后、亦是该卷最后一篇的便是朱桂桢关于南田请垦的《论南田山开垦状》⑤。

可以看到，关于封禁山、封禁岛的开禁问题，在乾隆年间开荒裕国的政策导向中被带出，随后则一直徘徊于开荒利弊和行政负担的辩论之中，前明税使矿监之害及流民矿盗之扰，亦留下了挥之不去的阴影。因此，尽管持封禁论者只是提出诸如"开则必有遗害"之类的宽泛理由，或者空列几条不可预知的危害性，但仍然可以得到很多官员的附和以及上峰的支持；而持开禁论者，往往撇开治理难题，强调编户齐民、务本归农的好处。⑤不过，真要做到履亩编户，在于上下各级、各省府州县的行政官员通力协作、号令一致，而类似闽、浙、赣三省交界之封禁山，以及迁弃多年、权属不清的诸多封禁海岛，则常常面临困境，要在不同府、县之间达到"齐抓共管"的统一步调，绝非轻而易举。加之不同官员任期不一，主张不同，各有各的考虑，最终的结果，常常是不了了之，甚至以变本加厉而告终。

《皇朝经世文编》收录了朱桂桢实地踏勘后的开禁条议，《南田志略》的编者陈汉章对这篇文章给予很高的评价，他认为：

> 《文编》选刻经世有用之文，例不著年岁，此朱庄恪公以道光二年由陕西潼关道擢浙江按察使后，奉抚札查勘南田私垦时所上状也，详悉筹画，化私为公，所举地形并由目验，洵可以坐言起行。(57)

“化私为公”四字可谓言简意赅，点明了朱桂桢开垦议的关键之处，因为要缓解封禁之成例与私垦之违例之间的紧张关系，其关键点就是正视大量私垦的事实，接纳私垦者的报垦和认垦，解决他们的合法编户身份问题。清代中叶以后，主张开禁者往往援引舟山、玉环开禁的成功例子，并归结为朝廷的果断决策。我们回顾舟山、玉环始弃终复的曲折历程，就可以看到，两者最终顺利开禁并建立了相对稳固的州县行政，关键在于有识官员顺应了明清之交海岛的人居情况和社会动向，在清代前期重整土地赋役的过程中采取了较为弹性的措施。在这个过程中，地方精英重建集体记忆，通过契约、谱牒等各种民间文本的历史叙事，或强调前朝旧制的传统，或适应新朝新政的改变，对社会组织加以维系和更新，确认并保护其资源权利。地方政府在重建管理秩序中的务实化趋势，与民间的合法化策略相得益彰，使得粮户归宗、海岛复垦等改革得以顺利施行。清代中期，朱桂桢等"弛禁派"官员的基本思想，其实也是如此。

面对长期迁弃直至封禁的疆土，在"奉旨永禁"与"化私为公"两种政治地理观念之间，我们可体会传统国家治理方式的演进。吉登斯曾认为，传统国家，特别是大型传统国家，都拥有众多的初位聚落边陲。在对帝国进行征服的过程中，一般来说，本土居民只要已经交纳了他们应交纳的赋税，或者是已经呈奉了必要的贡物，就能保有先前的行为模式，甚至很大程度上还不会触及他们已经建立的行政体系。不过，在绝大多数情况下，新来的征服者会有组织地试图让某些人离开自己的家园，并让其他人居住于此。传统国家的存在依赖于权威性资源和配置性资源的产出，监控能力的发展是作为组织的国家所创建的行政力量的基础。⑤从明清浙江海疆历史与海岛社会来看，传统贡赋体制下的国家边陲管理，其理想状态是以权威式的赋税管理进行社会管控，确保清晰、安全的行政方式。然而海上生计和海岛社会，与山地生活和山区社会一样，长期充满着流动性和不确定性，这往往令官府感到棘手，而官府感觉到权威容易受到挑战时，也就选择了不配置资源。在宣称疆域权力的同时，只保留尽可能低限度的远观式的监控，以节省行政成本。

雍、乾时期，海岛私垦问题日益突出，甚至出现了

"老本"招佃、计亩收租的组织化私垦现象，这与黄宗羲描述的南明时期海上枭雄"如土司之法，为不侵不叛之岛夷"的情况如出一辙。假若等闲视之，任其发展，则完全可能再现"海上藩镇"格局，海岛之土地乃至海岛之人户最终将落入敌手。事实证明，"老本"武装实力的发展绝对不可小觑，前述同治四年(1865年)湘军兵败南田金得利之手，无奈请来西洋兵轮船以炮弹进攻，即是典型事例。从朱桂桢到杨殿材，不少有识官员都主张因时因势利导，而不是"惮于更张，仍旧驱遣封禁"，认为"徒泥封禁之虚文，必酿异日之阴祸"。㊾

有关疆域、领土管理中的人口观念，中西方国家可能各具制度传统和特质，然而其演变趋势或可试做联系和比较。福柯(Michel Foncanlt)曾在法兰西学院的演讲中重点讨论了安全、领土与人口的议题，他敏锐地指出，马基雅维利(Machiavel)的学说代表着君主的统治权及其领土保障方式达到了时代顶峰，然而，18世纪之后出现了新的变化，政府治理的优势开始突出，18 世纪中后期，重农主义者在针对谷物、饥荒的公共管理方法的探讨中引导出一种全新的治理术形式，人口不再被视为法律主体的集合，而是作为应该服从统治者意志的主体的集合。在这一思想的影响下，国家把人口看作整体的过程，对这些过程的治理应当置于它们所具有的自然性之中，将人口与财富的组合视为治理理性的首要目标，从对个体的规训式管理转向人口层面的治理。福柯将这一转变过程简称为从"领土的国家"到"人口的国家"的过渡。他同时强调，这不是一种替代，而是重心的转移，并且出现了一些新的对象，国家的治理术因此有了新的问题和新的技艺。许多时候，国家在乎的不再是确定和划定领土，而是允许流通，控制流通，挑出好的和坏的，使它不停运转、不断移动，总是从一个地方转移到另一个地方，但是要消除这种流通的内在的危险。不再是君主及其领土的保障，而是人口的安全，因此也就是说，是那些被统治居住的人的安全。这是福柯所认为非常重要的一个变化。⑩

从 18—19 世纪有关浙江海岛开禁的若干辩论中，我们可以看到，关于人口与疆域安全的辩论一直缠绕其中。朱桂桢和杨殿材的探访和报告有不少相似之处，首先，他们与明朝官员辩论海防利弊不同，着重讲求垦利之归属，朱桂桢认为如果将所有私垦行为归为违禁，那么穷民垦田之后，被匪徒游棍强割，都不敢控官究治，实际的垦利落入匪徒之手。⑪杨殿材亦认为，在封禁状态下，任由老本招佃私垦，"若不及早处置，窃恐三数年间一百八岙尽皆开种，利归奸豪，害贻官民"⑫。所谓封禁，形同一纸空文，朝廷其实完全失去了对海岛的掌控权。其次，与一般泛谈私垦之害不同，他们详细调查并清晰地统计了私垦土地所承载的实际人口规模，力图展示海岛现实的人地关系，以及建立常规行政管理、将资源分配与人口控制结合起来的必要性。

随着 19 世纪鸦片战争的爆发、边疆危机的凸显，东南海岛的迁弃问题，在国难之际再次上升为国家疆域安全层面的宏大议题。前面提到魏源、夏燮关于定海、南田局势的叙述，诸如"今封禁内地之南田，而守孤悬之荒峤，以徒贻外夷之挟制，此失地利者一矣"[63]等观点，颇类于明代海防利害之讨论。魏源所言"地利"，实际上是海防之利，而非朱桂桢、帅承瀛、杨殿材所言行政之利。这类关于海岛开禁的言论，实际上偏离了嘉道时期逐渐围绕土地垦复和人户管理的舆论趋向。

同光之际，随着筹办海防过程中"先招民耕作以实其地"[64]观念渐入人心，海岛垦复和人户管理才重新被提上日程，并顺利实现。随着地方自治事务的推进，南田垦务局设立并运作，在此基础上，民国元年(1912 年)南田厅改为南田县。然而，随后一年内就上演了区划纷争的风波，先是"昌石镇地方自治会长"秦英鉴提出将石浦、昌国从象山划归南田，在一片反对声中，浙江省临时议会批准这一请求。到了十月，象山议会派出陈汉章等代表，赴省城面陈利害，并派人到北京上书。陈汉章在呈文中说：

> 今突然以象山、石浦划分两县，所有地丁、赋税，不知取属人主义，取属地主义？如取属地主义，则象山公、私产业一旦被人攘失，情何以堪？即不属地而属人，则丈量造册，改隶分割，无论手续纷繁，猝难就绪。每年上、下忙，必至越境催提，岂能踊跃将早尽纳税义务？驯至各村效尤，一律疲玩不至，官民交欠不止。盖南田县治既如江南之地侨置江北，南田县境亦如贵州之地插花滇粤，不独南田有扞格情形，而象山石浦已两受其弊，贻祸民生，大亏国课，此有害于政治地理又其一。㉕

值得注意的是，陈汉章已经采用了"属人主义"与"属地主义"这样的现代概念来进行"政治地理"的利害辨析，将海岛问题从领土安全回归地方行政的层面加以讨论。

此时，合并后新的南田县拟将县治改设于石浦，迁离本岛，引发了南田地方人士的抗议。最终，1913年浙江议会复议，撤销原来的决议，南田恢复单独设县，石浦、昌国仍归象山县管辖㊌，这就是民国《南田县志》所谓"始则象争，继则石争，历史甚长"的缘由。"历史甚长"四字意味深长，两县之争，必定涉及相当复杂的人事纠葛，最终以南田存县告结，较之元明之际与明清之际，南田岛的问题终于落入地方行政事务范围，不再进入国家的疆土大政视野，也终于告别了"封禁之故事"。

至于地缘客民承垦业户集团如何在民国的地方行政中扮演角色，则须日后另作研究了。

三、沧海桑田

我曾以"11—16世纪江南区域历史地理研究"为题，进行博士论文的写作。在写作后期，我苦恼于如何将水利格局演变、聚落变迁和行政区划沿革等不同过程和个案建立有机的联系，对区域历史建立一个整体的考察视野。此间，与赵世瑜、张小军、刘永华几位老师的一次深夜长谈，令我受益良深。当时赵老师认为，我想讨论的内容可能会指向某种区域整体史或者某种结构，并指导我仔细体会年鉴学派的著述，并关注其后续学术发展。在随后的阅读中，我深受所谓"年鉴新史学派"的学术思想的影响，关注"长时段"的变动，在社会过程中理解微地貌差异如何在人类活动中呈现为一种社会要素，思考在什么样的时间尺度和社会环境中去理解空间差异，然后观察地理差异及其变化如何对历史显得有意义，从剖面分析到时段考察，最后进行结构研究，希望达到某种区域"结构史"的研究目的。

不过，在博士论文修改成书后，我越发感到自己的思考有很大局限，倒不是说会如科大卫（David Faure）老师所说的"把中国历史写成江南的扩大化"，而是觉得我还没有达到他所主张的"脚踏实地的社会史"⑰，还未能很好地从村落及人群出发，将实地调查所得与文献解读、问题分析充分地结合起来。重新研读萧凤霞、刘志伟等老师关于"结构过程"的理论论辩和研究实践，也发现自己所追求的"结构史"还是有点刻板，对人群的能动性揭示不足。尽管我也在尝试追述某些"结构"的变迁及其意义，但对"结构"的理解还是过于简单，对"历史叙述本身如何在地域社会建构过程被结构化，而这种结构又如何推动和规限人们的行动"⑱等论辩的理解还是不够透彻，有时难免就会落入直线式的叙述。

参加工作以后，我越来越多地参与华南学者所推动的田野与文献相结合的考察实践过程，也尝试结合历史地理学和历史人类学的方法，开启了"上山下海"的新旅程，关注的区域从江南暂时转移到东南沿海以及南岭山脉。我和吴滔、于薇、张侃等同人们一起举办了系列专题的会议和工作坊，也多次带领学生们参与实地考察，进行地方文献的搜集。我开始关注在明清国家体制发展的时空进程及人地机制。从一些民间文献的阅读中，我对清代前期地方社会的动向和人们的生存选择有了很多不一样的认识。

刘志伟、赵世瑜诸位老师对我们的南岭研究一直给予很大的支持，赵老师关于明清易代问题的讨论，特别是关于易代时期的失序和地方的利用这段"不清不明"的历史过程的阐释⑲，对我帮助很大。对于结构过程，赵老师认为，区域社会史研究者往往是通过观察现代社会去反观那个距离最近的结构过程的，因为眼前的种种现象，是这个结构过程的延续。我们或许也可以采用这种逆向的方法，去观察历史上的结构—再结构过程。比如，我们试图在明清时期的区域社会中发现前此某个结构过程延续下来的浓重痕迹，从而发现这个过程中的重要结构因素，进而把握该结构过程。[70] 刘老师则提醒我们，普遍性往往是在认知结构的层面通过历史的结构过程去把握的，在研究中常常只是思辨过程中的分析工具而已，无论是叙事还是辨识，我们都要让思想流动起来，我们的研究也需要结构化和再结构化的能力。[71] 南岭和闽浙海岛的不同个案，令我有机会承续前人的研究和老师们的主张，探寻清代前期南中国乡村社会再结构的过程及其丰富的面相。

从太湖平原到南岭和东南海岛，我最初的想法比较简单，就是将江南研究中涉及的聚落变迁、人地关系等议题，在其他区域进行拓展或比较研究。初入山区和海岛，山区迁徙、海上航行的生活形态，令我颇为触动，也很自然地产生某种宽泛的观念预设，即认为海岛、山区都代表着流动性更强的区域类型。詹姆士·斯科特(James C. Scott)在讨论东南亚高地（按：即所谓Zomia，译作"赞米亚"）的无政府主义历史时即认为：

> 如同山上流动的居民一样，东南亚海岛中人数众多的水上游民(*orang laut*，海上游牧民，海上吉卜赛)也是在海岛中不断航行，居无定所。如同许多山民一样，他们也有尚武的传统，可以很容易地从抢掠海上的运输船和掠夺奴隶，变为马来王国的海上警卫或水军。他们位于主要水上通道附近，可以迅速地进攻然后消失，形成了一个水上的赞米亚。⑫

随着考察的铺开，我越来越多地思考山区和海岛的定居生活和聚落格局生成的过程及其成因。我想，逻辑意义上的流动性可能只需要用抽象的人群生计抉择来解释，而在历史阐释意义上的流动性，则需要我们从人群的接触、合作或冲突的情态，从社会的组织和再组织的过程中去追述和把握。

在南岭考察中，我从王毓铨先生关于军屯"民田化"的研究⑦中得到很大的启示，通过蓝山宁溪千户所的个案，我对土地所有、权力身份以及清初垦荒等问题产生了兴趣。在不同区域的历史情境中重新检视人地关系，有助于我从更广义的地域环境、人地关系中思考历史空间问题，并不断反思历史田野调查本身的方法论问题。通过对卫所军屯制度实施和流变引起的人际关系与人地关系变动的考察，我尝试突破以卫所改制简单分析明清两朝之变化的框架，亦将考察卫所军屯的总体变化，化约为人群、身份、资源、制度之间的各组关系及其转变的可能性，将文本、记忆与人居格局有机地结合于历史序列中加以考察和重构。⑦

通过南岭山地和东南海岛的研究个案，结合实地调查与民间文献的分析，可知清朝在南中国确立统治之后，有一个通过地方政府重整土地赋役的过程。在这个过程中，地方精英重建集体记忆，通过契约、谱牒等各种民间文本的历史叙事，或强调前朝旧制的传统，或适应新朝新政的改变，对社会组织加以维系和更新，确认并保护其资源权利。清代前期，地方政府在重建管理秩序中的务实化趋势，与民间的合法化策略相得益彰，使得粮户归宗、海岛复垦等改革得以施行，这一过程对南中国乡村社会的后续发展产生了深远影响。

从宋元海运到元明之际方氏势力的消长，从明前期军事体制及漕运体制的转变到南明时期的海上屯聚，在海上人群季节性渔作以及东亚海域的海上贸易背景下，浙南海岛社区经历了几番播迁与嬗变。在清初复界后的官方施政和民间报垦的进程中，玉环岛实现了秩序的重建，张坦熊在《特开玉环志》篇末《总论》中"自信"地宣称：

当未开垦以前，闽、广、温、台各处匪类，私
搭棚厂，聚居各岙。或沿海刮土，公行私贩之盐；
或群聚垦种，坐收无税之产。网鱼捕虾，捉蜇钓
带，船艘千余，藏垢纳污。今流民尽行驱去，而所
招徕开垦者，乐清、太平、平阳、永嘉四县良民。
非有籍之土著勿用，非地方官之保结勿留，俾奸宄
无所潜形，比匪为之扫影。[75]

据张坦熊所言，玉环原有十八都及附近各岙三四万亩田
地垦成膏腴之地，其各岙口涂地及玉环乡老岸修筑塘坝
渐次成田者，也达到六七万亩。

《特开玉环志》曾以"襟山环海，岙深岛杂"[76]描述乐
清湾的地貌，十分形象。随着各地人群在不同港湾的入
垦、拓殖，以及长期以来海岛社会的播迁、演化，如今
温、台地区诸多海岛形成了复杂的方言分布和风俗

差异。

据 1994 年编纂的《玉环县志》记载，玉环岛的代表性方言主要有坎门话、鲜叠话、楚门话，坎门话与泉州口音相近，分布在坎门渔区，也与古城、陈屿、普青的所谓"平阳话"相近，鲜叠话近温州永嘉口音，主要分布在玉环岛东南和西南先期以网捕为业的应东、鲜叠、大麦屿等地，亦散布于城关乡村，楚门话属台州片方言，故称"太平话"，分布于玉环青山麓以北乡村及楚门半岛全区。此外，城关西青街的上、中、下街民众，曾一度分别使用平阳话、乐清话、太平话。而海山茅埏、江岩等地，则是太平话与乐清话交相混杂。

在风俗方面，闽籍人的确特色鲜明。譬如，每年正月十五，闽籍人合家吃汤余丸子做上元，七夕节拜"七姐亭"，七月半酬"百家愿"；又如，闽籍渔民起季出海前，有"开船目"仪式，还在渔船中设天后妈祖神位。玉环坎门镇钓艚大岙的天后宫，即由闽粤渔民助资兴建，

图 27　台州玉环岛玉环庙

每年二月二十九，福建惠安、兴化、泉州、厦门及广东汕头的渔民都会来此与当地渔民共同祭拜。

在许多节庆时，所谓闽籍及温州籍人又习俗相近。譬如，在冬至，闽籍及温州籍人都是一早吃麻心或馅肉水氽汤丸，稍有不同的是，闽籍渔船一定会在节前返回，举行祭祖和"冬祭"海神天后妈祖的仪式。

相比之下，由楚门港隔开的港南玉环与港北楚门习俗则差别略大。譬如，在春节习俗上，闽籍和温州籍人初二出门走亲，港北太平籍人以初二、初三为"白日子"，一般不串门。八月十五中秋节，港北及太平籍人通常在十六过节。腊月半过"小年"时，闽籍及温州籍人家炊松糕，港北及太平籍人捩粽子。在婚俗和丧葬习俗方面，闽籍和温州籍也比较接近，而港南、港北的差异更大。⑦

从这些差异参差的风俗与方言比较结果来看，无论是籍贯记忆和称呼，还是风俗与方言习惯，在实际的海域社会空间中都不可能泾渭分明。我们把海湾、海岛或者海域作为一个研究区域时，始终必须看到长期频繁的人群流动所造成的多维的宽广的空间联系。许多时候，同质性个案的不断呈现，常令人产生将其文化结构均质化处理的冲动。我们固然可以尝试揭示不同时空的入垦定居过程如何造成不同地域文化的空间沉淀，但更应该时时提醒自己的是，在海域社会日常生活和人群交往中，种种所谓"文化界限"常常是不存在的，即使真的存在，也常常是不重要的。

有时候，研究者不经意地将籍贯作为方言、习俗调查的分类标准，乃至历史过程的分析起点时，反倒误导了受访者的表述，放大了文化界限存在的假象。一旦受访者被动地表现出某种似是而非的认可，研究者的错误预设就很可能进一步被援引为讨论前提，这就会愈发偏离实际的社会生活情境。其实，我们只要更多地注意到讲述者的平心静气和社区生活的和谐共生，首先淡化而不是强化各种族群或籍贯符号，就有望真正地将籍贯和身份作为一组过程中的现象或策略，记忆或传统，发现地域文化鲜活而具体的互相建构现象。

萧凤霞和刘志伟在有关珠江三角洲沙田的研究中，就尝试挑战所谓"中心"和"边陲"的既定假设。他们发现，当政治中心的合理性不确定时，如在明清转折期，对于"边疆""族群""文化边缘"等词汇，都要重新定义。

明清时期，珠江三角洲的水边湿地，面积广袤且迅速因泥沙淤积而增生为陆地，俗称为"沙"，人们也迅速围沙成田。这个沙田开发过程，得到了宗族尝产、市镇和县城的商人资金的赞助。住在船上的渔民和"沙"上的原居民，一般被称为"疍民"，被视为文化上的异类。尽管"疍民"其实是开发沙田的骨干，然而他们最终却成为沙田上的佃农，被剥夺定居、接受教育和参加社区礼仪的权利，即便是1729年雍正皇帝开豁贱民的圣旨也无法改变他们的命运。在太平盛世，疍民可以是技术娴熟的船主；在王朝末年，疍民就是官方和宗族文献里的寇盗。不过，沙田的自然生态令市镇居民难以有效地管控沙田。因此"疍民"也常常"割禾青"（即偷割庄稼）、卷逃他方，并且经商致富。"疍民"也遵从既有的社会升迁策略：买地、编族谱、盖祠堂，然后鄙视沙田更边远处的另一群同类。由此可见，在三角洲的开放生态中，"族群"标签其实是浮动的、随时生成的，有权势者常常定下僵硬的族群标签。在此过程中，一个有关权力的大一统文化网络就诞生了。⑦关于"中心"与"边缘"的结构关系，刘志伟有以下辩证的论述：

> 我们讨论中心—边缘问题的时候，常常要面对的，是我们研究对象的认知和价值取向……我们讲的中心—边缘结构，可以通过空间来表达或呈现，但实质上那不是一种物理上的空间格局，而是由人的活动形成的一种权力关系和交往空间。……在既有的模式下被界定为边缘的人，往往以一种更加强化自己边缘的立场的方式去表达自己与中心的关系，这可以理解为他仍然是在他所反抗的中心—边缘模式下的表达，但也可以理解为他已经在把中心边缘化……⑦

可能需要注意的是，粮户归宗、占垦入籍等社会实践过程，也是一个具有创造力的历史记忆生产过程，后续的民间文献也可能进一步加以沿袭和发挥，遂形成一套连续不断的地域历史叙事文本。我们在使用"再组织""再结构"这一类概念工具理解人群能动性的同时，需要关注定居生活与持续迁移并存的情形，需要面对聚落的转移乃至消亡所反映的另一种形式的能动性，处理这一类的"隐性"历史，可能需要对结构和过程的关系做更深入的辩证思考。

基于这些考虑，我在海岛占垦合法化的讨论中无意强求对所谓移民故事"真实性"的追述，也担心草率地得出玉环（楚门）闽省移民在玉环设厅期间即已在乐清湾普遍占垦并刻意杜撰迁居世系的论断，更不会着力于归纳温州闽省移民的迁居线路或拓殖模式。这类以偏概全的解释，终究会忽略海岛社会本身的流动性和不同人群及组织丰富的生命历程。正如亨利·贝尔（H. Berr）所言："毋庸置疑，在人类组群之间，生活方式具有类同性，或至少是相似性，此为人类利用那些类同的可能性之结果；不过这并非千篇一律且一成不变的。我们必须避免再次混淆必然性和可能性。"㊿我希望尝试的是，通过这些谱牒文本透露出的考量重点，对照官方文书中所透露的中央与各级官员关于展复招垦的政策走向，将地方招垦的务实化方案与民间的合理化解释视为一种策略的默契，从而更好地理解清初迁界、复界，乃至在更大范围的土地复垦的地域语境和社会机制。

历经漫长的封禁期，南田在清末终得开禁。光绪三年(1877年)，浙江巡抚梅启照借阅兵之便，乘坐轮船到大佛头，再换小船顺流入南田内港，垦户们显然还不知道官方的态度，"皆纷纷逃避"。于是官员们"复招之，使来询问详细，赏以洋银，乃得其地上出产之实。细察所收稻粱、杂粮并蔬菜等，皆好。惟酌水尝之，其味咸，非筑堤养淡不可"。㉛为了防止大量游民聚集引起纠纷，浙江巡抚也决定选派一营勇丁前来弹压。当时办理垦放事务者为时任玉环同知杜冠英。[82]据民国《南田县志》的统计，光绪元年（1875年）开禁后，南田招垦，编户四千，男女丁口一万有奇。[83]光绪五年（1879年），宁绍台道瑞璋派杜冠英前往南田建设衙署，设立了"南田垦务局"[84]，这是一个以垦务为中心事务的管理机构，较之此前移驻石浦同知、修筑炮台以管控禁地的做法，有很大的不同。关于其设置，一开始是"派垦务保甲委员设局办事，专司编户收租，而无刑名专责"[85]。也就是说，垦务局主要掌管的是南田土地的放垦和编户收租，关于这些放垦土地的原本所有权，显然就默认为官方所有。对此，1930年南田县长吕耀钤在县志的序言中表述得很清楚：

南田自清初禁垦，视同瓯脱。同光之际，弛禁招垦，然田土仍属国有。[86]

"国有"的土地一旦招垦，垦户也就一并编入官方户籍，缴纳赋税，显然垦务局即充当了临时地方民政机构的角色。

南田垦务的一大主题是海塘的修筑。由于南田岛可以直接垦种的土地并不多，"其天生之土，立可耕种者十分之二，由各都海滩集资圈筑，藉人力以成田者十占其八"[37]，所以同治十三年（1874年）杨殿材登岛时，首先描述的便是"塘埂屹立"。民国《南田县志》对开禁后筑塘之人事着墨不少，如关于鹤浦、龙泉两大塘，"承垦建筑多日，悉由客民醵金巨万，辟田千顷，间岁添修，费难预计，民资民办，垂为定例"[38]。在二塘的修筑过程中，先由宁波、台州两帮协筑，此后由于资金、人事的升降沉浮，宁帮逐渐主导大局，台帮渐弱，此间又有鄞县鄞帮和象山县象帮的业户，在筑塘工程以及随后的利益分成、股份计算中，分分合合，还有广帮及温州垦户夹杂其中，参与具体海塘的修筑、经营和利益博弈。所谓"民资民办"，绝非虚言。不过，应该看到，除了投资筑塘的"新老本"，塘成之后佃种的垦户主要是来自四面八方的民众。据民国《南田县志》载，南田垦复后，户口渐增，但性别比例长期失调，因为"新旧垦户皆由他邑航海而来，或本无业游民，难觅配偶，垦种日久勉能有室；或独客务农，家在故乡，无力远徙，宜乎开垦三十余年而女口仍少于男远甚也"⑧⑨。根据 1912 年的统计，南田全县 4 457 户，男 12 965 口，女 7 393 口，合计 20 358口。为此，该志撰者还在考虑如何拓展女子职业的问题。

整体看来，南田垦务逐渐走向地方化治理，彻底将海疆经略归入内地行政之范畴，成为后来南田的县级行政的施政雏形，也对南田岛内外各地缘势力之升降产生了深远影响。自保甲垦务局开设以来，不少客民纷纷前来认垦，其中来自温州府、台州府者尤多。面对这些"去来无定，抚辑良难"的客民，垦务局无法应付日常的治安事务，于是宣统元年（1909 年）六月浙江巡抚增韫上奏：

> 拟请设一厅治，名曰南田抚民厅，以宁波府水利通判移驻，缺分与定海、玉环同一繁要，请定为海疆抚民通判冲繁要缺，仍归宁波府管辖……南田各岙以樊岙为适中之地，原设有垦务保甲局，即就旧有局屋量加修葺，作为厅员办公之所至。武职员弁，复经会同考查，并拟仿大岚山移驻营办法，请以提标左营游击移驻南田。适中之樊岙，与抚民厅统辖水陆全境，原驻郡城守备千总二员，移设龙泉、鹤浦两塘分驻。⑨

朝廷很快批准了这一请求，南田抚民厅应运而生，保甲垦务局的体制以及龙泉、鹤浦两塘的开发秩序得以顺利延续。辛亥以后，民国肇始，南田不再重演因朝代更迭之际而被迁弃的悲剧。

南田积岛成县，与一般的县份相比，县域规模偏小。1913年，南田县设立清丈局，对境内所辖土地进行了升科和清丈，所得清丈缴价作为公费使用。然而复垦设县后，面临的县政管理和基础设施建设，较之其他县份，难度其实更大，如基础设施建设就面临资金缺口的问题。在这一过程中，绅商力量发挥了重要作用。1920年《申报》的通讯中就提到，由于鹤浦埠是南田岛与周边联系的重要码头，在轮船时代，轮埠的建设是当务之急，但所费不赀，而且"商业幼稚，既无资本家独力投资经营，自应由公家提倡，拟请就清丈缴价项下酌拨款项，招工建筑，不敷之数，责成就地各商筹集"。当时商人陆柳亭出资购置了商轮一艘，在象山石浦港与南田之间载客运货，对轮埠有迫切需求，于是，官方"邀集就地绅商并熟悉工程之人，面同该商陆柳亭实地履勘，就鹤浦塘外建筑石质码头一座"，官方"酌量拨补，此外不敷之款，统由地方绅商照数筹集"。㉛所谓"酌量下拨"，具体经费多少，我们不得而知，由地方绅商筹集的部分很可能数额更大。照此经费状况来看，如果没有绅商资本的介入，常规县政的运作其实是较为困难的。

1921年以后，不少舆论聚焦于南田县的实业发展前景，一些意见认为，海岛上农田水利成本高，劳力和肥料缺乏，交通条件又没有优势，鹤浦港一带由于商人兴办公司，市场稍有振兴之势，其中水产贸易是大宗，农产品次之。然而，总体上还是有待发展。㉜

南田设县后，县治最初设于前清南田垦务局的旧址樊岙，当时选址主要考虑其"环山围领"，易于防守。然而到了民国初年，论者认为："沧海已变桑田，海上群岛联为一县……樊岙困局一隅，交通除越岭过大南田一村，别无途径可通，距蓬莱、三山、瀛洲各乡则更海天辽远，联络不易，何能收其统治之功？"相比之下，"鹤浦因海道交通之便，船舶云集，商业之盛冠于全邑，即农工各业亦有蒸蒸日上之势。轮埠街衢建设完美，与石浦、宁海、象山日有轮渡往返，且海港优良，甬、沪商轮、渔船、钓艇亦可泊埠……即就防务而言，鹤浦地属内港，港面驻有水警，复加陆有防营，自无意外之虞"[93]。1923年，李锐曾有关于迁治鹤浦、以催收清丈费建造公署之动议，后来由于反对声音，亦未实行。[94]到了1928年，浙江省政府甚至认为，宁波市政府成立以后，年需经费约30万元，然而政绩不突出，成效不显著，似乎也就没有设置市政府的必要。至于南田县，"为旧制所无，人民多开矿捕渔，安分乐业"，为节省起见，亦可考虑撤销南田岛的建置，并入三门湾县。[95]这番变动与民国之后三门湾开发的浪潮有密切关系。

光绪二十四年(1898年)，意大利就曾要求清廷在三门湾开港，没有成功。1914年，台州宁海县绅士胡佩珍等建议开辟三门湾，设立三门湾县。1916年，孙中山在胡汉民、朱执信等人的陪同下，从舟山普陀山乘坐

"建康"号军舰考察象山港，称三门湾为实业之要港，随后，孙中山在《建国方略》中将三门湾列为东方第九渔业港。

1918 年，在实业救国的热潮中，爪哇华侨邹辉清和郭春阳、林荣正、张鸿海等南洋华侨回国，考察三门湾开发事宜，并呈文请求政府特许华侨开辟三门湾港埠。此举得到时任浙江督军卢永祥、省长齐耀珊的支持。1920 年 2 月 5 日，在上海东亚酒楼，浙江实业厅召集实业界、金融界一百余人开会，共商三门湾大计。海外各埠莅会者来自加拿大、纽约、巴达维亚、暹罗、泗水、横滨、大阪、神户、澳洲等地，还有一批旅沪绅商，盛况空前。其中一些会议细节也颇有意思，当时由三门湾农垦筹备处谢复初报告三门湾情形及模范自治农垦区域意见书，"报告毕，因各代表类皆籍隶闽粤，恐谢君言语或未尽晰，复由吴应培以闽粤言语复述一过"，会后签名愿意参与三门湾开埠考察的有 50 余人。4 月 15 日，北洋政府特许"三门湾为模范自治农垦区域",为华侨回国经营实业之地。

随后数月间召开了多次侨团代表会议,议决自治条例,拟设银行,开矿山,围涂垦殖,推广新法捕鱼,建电厂、自来水厂、码头、船坞、马路、公园,修建南通福建、北连宁波的铁路,开辟南通香港、北达上海的水上交通,建造市区和华侨住宅区 1.2 万亩,并计划将加工产品直销南洋,等等。邹辉清还自筹 5 万元资金,计划组织白星公司,先行经营。郭春阳等回到南洋,聚集拟投资 10 万元的 20 名侨商,组成董事会。一时间,开发三门湾在海内外成为热门话题。[96]

1924 年,江浙战争爆发,支持三门湾开发的浙江督军卢永祥兵败下野,开发计划被迫中止,邹辉清 5 年的努力也付诸东流。直至 20 世纪 20 年代末,以定海人许廷佐为代表的上海工商界才重启三门湾开埠事业,1929 年 8 月,国民政府派工商部、建设委员会及浙江省政府会勘委员，由许廷佐陪往三门湾勘察，许廷佐的辟埠计划获政府批准，遂在上海虹口百老汇路 74 号设立三门湾辟埠公司。30 年代，由上海工商界主导的三门湾建设事业取得一定进展，也遇到不少困难。其间，南京中央研究院、厦门大学、浙江大学、复旦大学的学者也参与了三门湾渔业、农业的调查。粮食短缺、移民管理、土地垦荒秩序、交通建设缺乏资本，是辟埠过程的突出问题。

民国时期三门湾的开发过程中，浙东海岛、海湾的人地关系特质越来越多地为官员、知识分子和媒体所关注，新的理念、制度、测量方案、发展规划也随着海外华侨、沪宁工商界人士的实践，进入了三门湾。

浙东沿海的开发也经历了战争岁月。1939 年 2 月 1 日《申报》香港版刊登了一篇来自浙江的题为"浙东南田风光"的通讯文章，通讯员"观瀑"描述了他（她）实地考察南田的见闻以及感想，较直观地反映了南田开禁后人地关系的演变，以及时人的观感，此不嫌繁赘，全录如下：

浙东南田风光

〔**浙江通讯**〕这次很幸运地有机会去南田，住了三天，约略看了看各方情形，在心里画出南田的一个轮廓。

我们一向知道，南田是一方荒瘠不毛土地，单从经济的观点来看南田，它确是比不上浙江的任何县份，但它也自有特殊的环境给予构成的生活上的优点，如政府人民的异常亲密就是最显著的一点。在时代的洪流中，它已跟着在进步，你看到南田人民生活中那种刚勇坚毅的风气，就会想到，这正是当日张苍水先生抗清复明的真精神的遗留啊！

南田是三门湾中的一个小县，在浙江七十五县中是一个面积最狭、人口最少的县份。翻开一本二百八十五万分之一的地图来看，她所占的地位，显得非常渺小。实在的，南田的面积，纵横各不到三十里，全县的人口，只有二万二千多人，就这二点论确乎够不上设县的资格。所以说到南田设县的历史，并不很早，还是民国元年间的事情。这以前一向是象山县辖境，虽然清末曾一度设置抚民厅，那不过是一种特殊的行政组织，正式设立县治，在民国纪元开始后才有的。因此南田岛在地理上的名词，已经开始得很早，而设县治理，只有二十多年的简短历史。

船只靠近三门湾快到南田的时候，就有一座气势雄壮的山，横在视界之前。这山虽然并不怎么高，但中间耸峙的那一块岩石，显出惊人的巍峨姿态。这就是每一个经过南田的行客所知道的大佛头山。据当地人说，这山有七十二洞，形势非常险要，因为这山就是明末民族英雄张苍水先生为了抗御清兵，图谋恢复明室，力事整军经武，策动抗战的根据地。在全面抗日战争已达最紧张阶段的现在，它是多么令人怀恋和感奋啊！

鹤浦是南田县仅有的通商码头，地方并不很大，约有三百住户，是南田精华荟萃之区。从鹤浦登陆，人力车路直达县治所在地的樊岙、樊岙是一个十足乡村风味的地方，一共有二百多户人家，十分之八是茅屋。这里没有整齐的街道，商店简直很少，不过几家零碎的食店，这里政府机关服务的许多人员，他们都安于乡村工作，他们只求政治的实际效用，觉得这样一个地域正是县政的试验场所。

南田因为浮在大海边，无时不受风暴的侵袭，空气没有一刻宁静，呜呜的风掠过耳边，像刺刀一样锐利，如果狂飙忽起，你便立脚不住，有跌仆的危险，高一点的茅屋子，就被吹塌。据说一年四季，难得碰到几天没有风的。南田有着许多山，可都是原始状态的岩石，没有深厚的泥土，加以风大，树木不能生长，木材的供给，便感困难。人民为取求的便利，当然只有盖茅屋居住。县政府曾经提倡普遍植桐，可是桐树长大了，到开花结实的时候，就被大风刮去，一无留存。这种自然条件限制的严酷，开发的困难可想而知。

南田人民，大部份从事农耕，入海捕鱼，却也是他们重要的副业。挣扎在艰苦的生活之上，即使冒着绝大的危险，他们都认为很寻常，这造成坚强的意志、勇敢的精神。浅海捕鱼，通常风浪不大，很少发生危险。在深海之中，浪涛往往把人卷去，可是他们的勇气还是如旧。每年到了冬季，便扬帆入海，如果渔汛近，又没有大风浪，那么他们一定是满载而归，这是一宗很大的收入，在南田人民的经济上是一个很大的帮助。

南田大宗的出产是蕃薯，据说年产两百多万担，这数目已很不少了。蕃薯不但是南田人民的主要食粮，且可供作制造品的原料。蕃薯含淀粉最富，洁白纯净的"蕃薯面"，就是这种淀粉的手工精制品。记者曾到过南田许多小村落，看到每一户人家都在忙碌地磨淀粉，制"蕃薯面"。二十七年，"蕃薯面"的价格很好，法币一元只购得九斤，这鼓励了他们加紧向外运销。蕃薯还可供作制酒精的原料，可惜那里没有一家酒精厂，据说曾经有人发起，终于为了集资的困难没有成为事实。

　　因为南田人口稀少，全县有生产力的壮丁，只有二千三百多人，这和耕地面积数量对比，感到劳动力的不够，普通每一个农民要耕到二十亩以上，听其荒废的地方还很多，因之土地的价格也很便宜，除了在樊岙附近的田地价格比较高贵，有许多地方只要出七八元的代价，便可购得一亩。这决非土质恶劣，而是种植事业经营者太少，自然下降的趋势。

南田给我的最好印象是老百姓和政府之间的亲密态度、合作精神，直如家人父子一样。县长之于人民，如家长之于家属，如教师之于学生。大小公务员，没有对民众摆架子的恶习，他们自身看做一个老百姓，深入民众的队伍做工作。他们很少贴标语喊口号，可是他们的工作，确是到达了社会最下层。可以说政府和人民中间，已经没有了什么隔膜，这一到南田就首先感觉到。说到南田人民的教育程度，全县之中，中学以上毕业的只有一人，这可想见一般知识贫乏的程度。县长梁翼镐，他对于教育方面特别有兴趣，听说以前教育科长一职，由他自己来兼任，他虽然感觉到经费和人力的不够，无法积极推动，然而仍竭力排除困难，寻求新的出路。现在南田全县共有小学二十九所，学生九百二十一人，此外还有民众学校五所，短期义务学校二所，学生各在一百六十人以上。只要这样努力下去，将来收获无疑是很大的。

壮丁训练已开始了，一个个神情紧张的壮丁，都在"一二一"地喊着。他们不怕风，不怕冻，每个人的头都刮得很光，脚上穿了草鞋，好像开始长途行军的样子。我跟社训队的副总队长跑到了一个村庄，地名叫做龙泉，为的是要看看该地壮丁训练的成绩。叫子一吹，几十个铜筋铁骨的壮汉已很整齐地排列在操场上，四周虽有无数的海鸟飞翔着，可是他们目不一瞬，静静地听不到一点人声。开始"齐步走"了，数十条大腿，只有一个脚步，一个声音。（观瀑，一月十一日）⑰

这篇抗战时期的通讯显然具有鲜明的政治色彩。通讯员"观瀑"的身份暂不得知，其南田之行的任务之一，可能就是文末所说的壮丁训练情况的考察和报道。"观瀑"既回顾了南田岛的历史，也评论了南田县的时政，认为岛屿环境塑造了海岛社会的气质，他（她）钟情于南明历史特别是张煌言（号苍水）的事迹，希冀以此凝聚人心，激励斗志。另一方面，他（她）提出岛屿作为"理想县政"试验场的观点，推崇实用主义的政治理念以及政府直接动员民众的治理方式。至于海岛经济，"观瀑"强调了海岛的地理特质和渔民的生计传统，也对农耕开发不充分、工业不发达进行了分析，在战时情境下，海岛社会的政治建设、教育发展，在他（她）看来比经济规划显得更为重要。

从王朝更迭时的混战、海岛失序时的激战到渔业资源的争夺，海域社会的开放性、海岛社会的流动性以最激烈的方式表现出来。有关战争与海岛人文地理的关系，还需要深入地从海岛社会内部的反映中去理解。刘志伟曾以粤东大洲岛为例，强调通过该海岛神庙系统和仪式体系考察文化的整合和发展的重要性。⑱

　　宋怡明（Michael A. Szonyi）用"冷战之岛"来形容 20 世纪下半叶的金门岛，他以历史、政治、社会、人类学的多重角度，注重从政府和民众的不同视野，重新检视战争阴影和军事管制影响下的金门历史中不为人知的面向。他指出，现代化并非具有统一的过程，甚至不是在文化差异造成不同经验以外还有一种基本的普遍性，它其实是因地区、因情况而异的。金门的现代化，是由军事及地理政治形塑起来的。金门的政策并不只是为了达成地区性的目标，而是要释放讯息给台湾的其他地方，给大陆，还有当时台湾所谓的"盟邦"。为了显示所谓的优越性，台湾当局便在金门推行了非常地区性的发展政策。例如，"八二三"炮战之后，以及大陆的"大跃进"时期，两者都管制猪只宰杀；还有将金门建设为"三民主义"模范县的运动，都是台湾为了回应当时大陆的开发政策而催生的，我们可以从中发现海岛社会的日常生活与广义的地理政治所发生的密切关系。⑨

抗战时期，虽常有日军军机和军舰过境南田这个浙江最小的县份，但据说岛上损失还不至于太惨烈，1939年12月，南田驻军还曾击退日军舰队的登陆攻击。⑩南田县域虽小，但农垦不易，人口密度偏低，因此当1948年上海面临难民潮时，一些人主张将难民迁移到三门湾进行垦荒和安置，南田一度被认为是三门湾最理想的岛屿，而且人们认为最大的开发可能还是农垦。⑩这与前面通讯员"观瀑"的看法有一致之处，即土地承载量尚有充足空间。然而，若按"观瀑"的看法，之所以"地宽人稀"，就是因为农垦不易，商业乏力，流动性较强而获利更丰的渔业，依然是当时民众之首选。

海岛复垦后，渔业格局的演变，对海、陆、岛的人文地理和经济地理格局造成不小的影响。清代中叶以后浙江海域渔场的权力之争也颇为突出，穆盛博（Micah S. Muscolino）重点考察了近代的渔业纷争和环境变化⑩，他指出，清中叶以后浙、闽、粤渔民在浙东特别是舟山群岛附近海域追捕季节性洄游鱼类，他们在事实上拥有渔船并确立规则，以协调他们对资源的利用，以区域为单位的同乡组织将渔场划分为不同片区，每一个渔帮都留在制定的区域内。在许多争端中，地方官员虽然有最终仲裁权，但他们倾向于下放权力给同乡公所。到了民国时期，由国家主导的舟山渔场的开发规划与税收新框架的强制实施齐头并进，政府机构之间也为了收入而展开竞争，这一时期，同乡公所也制定了规章制度，虽缓和了暴力争端，却没有对有限的海洋资源给予捕捞限制。20世纪20年代以后日本的机械化渔船队进入东海洋面，争端激化，遂酿成20—30年代长期而激烈的"渔业战争"。

2012年正月，我和陈春声、刘志伟、程美宝、吴滔、于薇、杨培娜诸位师友，还有钱丰等研究生前往舟山群岛，对海岛渔业社区的民间信仰和庙宇发展进行考察。其间，岱山岛十九庙的故事给我们留下很深的印象。岱山岛地处海上南北要冲，向来是非常重要的渔业、盐业产区。周边海域即岱衢洋是著名的大黄鱼渔场，每年农历四五月的鱼汛会吸引大批闽浙渔民前来作业，此时是岛上最为热闹的一段时间，同时也是纷争频发之时。岱山岛上神庙众多，根据光绪《定海厅志》的记载，岱山岛上有具体名称的庙宇就有二十五座。晚清民国的文献直至现当代的文史资料中，则强调了所谓十九庙的岛上庙宇体系，其中东岳宫在体系中的地位非常突出。民国《岱山镇志》称其"为岱山合境之主庙。乡民凡有大事，必至是宫开议。盐民有事，尤必先聚集于此。征粮分柜亦设在其内"[⑩]。后来，东岳宫被抽离出来，与其他的十八或十九座庙宇形成了某种等级秩序，岛上迎神赛会的风俗也发生了微妙的变化。20世纪上半叶，岛上庙宇与革命活动有着密切的关系，东岳宫曾是中国共产党领导群众开展革命斗争的场所，1927年顾娥、金维映等中共地下党员以东岳宫为活动中心，组织岱山盐民运动(图28)。1943年3月，浙东抗日根据地建立，对三东(鄞东南、镇东、奉东、定海)地区提出了建立南北海上交通任务。中共浙东区委调任詹步行任定海县级特派员，与当地共产党员童春梅以夫妻身份在岱山岛东沙镇念母岙费家门口开设"美丰杂货店"，以此为掩护设立了

图28　舟山岱山岛东岳宫(革命纪念馆)

地下党领导机关，并建立了宫门盐民支部，组建了三东工委建制。1948 年 1 月，根据武装斗争发展的需要，浙东临委决定将三东工委改组为东海工委，要求在鄞东南、镇海东南、象山港沿海一带发展东海游击战争，开辟东海游击区，詹步行任东海工委书记，其领导机关也一直设在"美丰杂货店"内，直到 1948 年 10 月，东海工委的工作才结束。

钱丰后来以岱山岛的社区历史为学位论文题目，讨论与盐业、社庙与革命历史的关系。[104] 他梳理了岱山岛盐业生产的主要脉络与岛上神庙体系的成型过程。他发现，清初以前岱山岛虽产盐，清朝时也设廒收买余盐，但在盐务上尚未成为要区，随着岛上丰富的盐利吸引大批岛民的集聚，私煎私盐屡见不鲜。由于嘉庆间推行"板晒法"，技术和制度革新，产量提升，岱山私盐尤盛。围绕私盐问题，官府在整顿盐务时，巧妙地借助了神庙作为处理岛上地方事务的切入口。东岳宫地位的抬高与官府势力的介入有关，岛上各神庙围绕东岳宫进行合境游神的秩序也得到官方认可，这对庙宇体系的形成和文化的构建产生重要影响，赛会巡游的仪式也逐渐形塑了社区间的关系，后来岱山岛上革命活动的组织和开展也延续了这一组织体系和动员机制，现当代岱山岛上部分社庙在复兴过程中，主动选择将与庙宇相关的革命故事整合到新撰庙史当中，彰显其复建的合理性，后来重建为革命纪念馆的东岳宫即是典型事例。

沧海桑田，时移世易。取义须臾，归仁千载。海岛可以断为冒险者的天堂，亦可以联成治生者之港湾，无论如何，捍卫和平的人，还是更多地为人们所记取和纪念。

2016年底我在菲律宾马尼拉参加ANGIS会议，休会时特地前往马尼拉著名的"王彬街"参观。街上有"中菲友谊门"和"亲善门"各一座，均是为表彰罗曼·王彬对菲律宾的贡献而设。罗曼·王彬，籍贯福建晋江，

1847 年 2 月出生于马尼拉市。祖父王亦彬，因家庭贫困，早年到菲律宾谋生，经营蜡烛铺。1882 年，王彬继承父业，在洲仔街经营百货、油漆、木匠工具、器械、文具及手工制品。由于注重商业道德，所卖货物明码标价，并标明"铁价不二"，所以信誉卓著，生意发达。王彬为人忠厚，乐善好施，经商有道，颇得各界信任，1883 年 7 月菲律宾当局委任他为马尼拉市之长官。当时西班牙的殖民统治激起了菲律宾的民族解放运动，王彬积极参加菲律宾的革命斗争，其店铺成为革命知识分子和爱国学生的聚集场所，他以大量的金钱和物品资助革命党人。从一开始抗击西班牙到后来反对美国的统治，王彬始终与菲律宾人民一起进行反抗斗争。王彬热爱公益，曾任菲国军人及战争难民救济协会会长，大力赞助保护幼童协会，协助建立菲律宾商会，并当选为首届司库。恢复和平后，他仍以同样的努力，对爱国活动给予宝贵的精神及物质支持。1912 年 12 月 10 日，王彬逝世。为表彰罗曼·王彬对菲律宾的贡献，1915 年马尼拉市议会将沙克里蒂亚街改名为王彬街。1973 年，菲律宾政府观光部、马尼拉市政府及华商联总会协议共同建设华人区，并铸造罗曼·王彬铜像。

2017 年 8 月，我飞抵泰国清迈，参加由清迈大学承办的第十届国际亚洲学者大会(ICAS 10)，看到今日来自世界各地的人们在清迈访问、交流、度假、经商的和谐场景，不经意地又想起祖母的"亚洲城市口诀"和外祖母的摩托车，默念着父亲讲述的那副老邻居家的对联"世界和平好，清迈任往来"，心中不由涌起一阵暖意。

注　释

①　参见《鸡山村史》编纂委员会编：《鸡山村史》，8～10 页，广州，广东人民出版社，2015。

②　同上书，91～92 页。

③　[法]安德烈·梅尼埃著，蔡宗夏译：《法国地理学思想史》，160～161页，北京，商务印书馆，1999。

④　(明)徐光启著，王重民辑校：《徐光启集》卷一《论说策议·海防迂说》，37、45、49页，上海，上海古籍出版社，1984。

⑤　(清)秦世祯：《抚浙疏草》卷三《密陈渔船编甲出洋疏》(顺治十二年四月)，127a～127b页，中国国家图书馆藏顺治十三年刊本。

⑥　谢林辉：《清前期浙江外海船只管理制度的形成及其演变》，硕士学位论文，中山大学，2018。

⑦　(清)秦世祯：《抚浙疏草》卷五《参温区渔户私自出海疏》(顺治十三年正月)，309b页，中国国家图书馆藏顺治十三年刊本。

⑧　杨培娜：《明代中后期渔课征纳制度变革与闽粤海界圈占》，载《学术研究》，2012(9)；杨培娜：《澳甲与船甲：清代渔船编管制度及其观念》，载《清史研究》，2014(1)；杨培娜：《清朝海洋管理之一环——东南沿海渔业课税规则的演变》，载《中山大学学报(社会科学版)》，2015(3)。

⑨　《雍正会典》卷一百三十九《兵部二十九·海禁》，见《大清五朝会典》第7册，2213～2214页，北京，线装书局，2006。

⑩　《闽浙总督范时崇奏陈海洋弭盗管见折》(康熙五十年六月初八日)，见中国第一历史档案馆编：《康熙朝汉文朱批奏折汇编》第3册，539～567页，北京，档案出版社，1984。

⑪　《圣祖仁皇帝实录》卷二百五十八"康熙五十三年三月三日甲辰"条，见《清实录》第6册，550页，北京，中华书局，1985。

⑫　《雍正会典》卷一百三十九《兵部第二十九·海禁》，见《大清五朝会典》第7册，2216页，北京，线装书局，2006。

⑬　[日]中川忠英辑：《清俗纪闻》卷十《羁旅》，11b～12a页，宽政十一年刊本。

⑭　刘序枫：《清政府对出洋船只的管理政策(1684—1842)》，见刘序枫主编：《中国海洋发展史论文集》第9辑，331～370页，台北，"中央研究院"人文社会科学研究中心、海洋史研究专题中心，2005。

⑮　道光《厦门志》卷十五《风俗记·俗尚》，见台湾银行经济研究室编辑：《台湾文献丛刊》第95种，645页，台北，大通书局，1984。

⑯ 《正黄旗汉军副都统许国桂奏详陈海洋情弊折》(雍正元年十月)，见中国第一历史档案馆编：《雍正朝汉文朱批奏折汇编》第 2 册，189 页，南京，江苏古籍出版社，1989。

⑰ 卢建一：《明清海疆政策与东南海岛研究》，353～355 页，福州，福建人民出版社，2011。

⑱ 《高宗纯皇帝实录》卷七百五十一"乾隆三十年十二月十五日丙辰"条，见《清实录》第 18 册，259～260 页，北京，中华书局，1985。

⑲ 中国第一历史档案馆编：《康熙朝汉文朱批奏折汇编》第 3 册，541 页，北京，档案出版社，1984。

⑳ 《闽浙总督梁鼐奏报攻击及拏获海上人船等情折》(康熙四十五年九月十六日)，见中国第一历史档案馆编：《康熙朝汉文朱批奏折汇编》第 1 册，428 页，北京，档案出版社，1984；《浙江提督王世臣奏报出洋哨巡剿获人船事折》(康熙四十九年四月二十二日)，见中国第一历史档案馆编：《康熙朝汉文朱批奏折汇编》第 2 册，839 页，北京，档案出版社，1984。

㉑ 《闽浙总督范时崇奏陈海洋弭盗管见折》(康熙五十年六月初八日)，见中国第一历史档案馆编：《康熙朝汉文朱批奏折汇编》第 3 册，539～567 页，北京，档案出版社，1984。

㉒ 《高宗纯皇帝实录》卷七百九十"乾隆三十二年闰七月十五日丙午"条，见《清实录》第 18 册，703 页，北京，中华书局，1985。

㉓ 同上书。

㉔ (光绪)《清会典事例》卷六百二十九《兵部第八十八·绿营处分例》，第 7 册，1152 页，北京，中华书局，1991。

㉕ 谢林辉：《清前期浙江外海船只管理制度的形成及其演变》，硕士学位论文，中山大学，2018。

㉖ (清)阮亨：《瀛舟笔谈》卷一，见林登昱主编：《稀见清代四部辑刊》第 8 辑第 56 册，46 页，台北，经学文化事业有限公司，2015。

㉗ (清)陈盛韶著，刘卓英标点：《问俗录》卷六《鹿港厅·海运》，113～114 页，北京，书目文献出版社，1983。

㉘ 《高宗纯皇帝实录》卷七百五十一"乾隆三十年十二月十五日丙辰"条，见《清实录》第 18 册，259～260 页，北京，中华书局，1985。

㉙ 《福建省例》卷二十三《船政例·船只如式刊刻油饰书写》，见台湾银行经济研究室编辑：《台湾文献丛刊》第 199 种，617 页，台北，大通书局，1987。

㉚ 《福建省例》卷二十三《船政例·沿海各属渔船仍照议定章程着令船户自行如式刊刻书写》，见台湾银行经济研究室编辑：《台湾文献丛刊》第 199 种，628～630 页，台北，大通书局，1987。

㉛ 《福建省例》卷二十三《船政例·往浙捕鱼额带食米》，见台湾银行经济研究室编辑：《台湾文献丛刊》第 199 种，605～606 页，台北，大通书局，1987。

㉜ 《福建省例》卷二十三《船政例·沿海各属渔船仍照议定章程着令船户自行如式刊刻书写》，见台湾银行经济研究室编辑：《台湾文献丛刊》第 199 种，628～630 页，台北，大通书局，1987。

㉝ 《福建省例》卷二十三《船政例·商渔船只设立循环填注送核》，见台湾银行经济研究室编辑：《台湾文献丛刊》第 199 种，634 页，台北，大通书局，1987。

㉞ 王宏斌：《清代前期海防：思想与制度》，72～88 页，北京，社会科学文献出版社，2002。

㉟ 《高宗纯皇帝实录》卷一千四百四十五"乾隆五十九年正月三十日戊午"条，见《清实录》第 27 册，283 页，北京，中华书局，1985。

㊱ (明)王忬：《条处海防事宜仰祈速赐施行疏》，见(明)陈子龙等选辑：《明经世文编》卷二百八十三《王司马奏疏》，2996 页，北京，中华书局，1962。

㊲ 《高宗纯皇帝实录》卷七百九十"乾隆三十二年闰七月十五日丙午"条，见《清实录》第 18 册，702～703 页，北京，中华书局，1985。

㊳ 《高宗纯皇帝实录》卷一千三百六十三"乾隆五十五年九月二十七日甲辰"条，见《清实录》第 26 册，292 页，北京，中华书局，1985。

㊴ 李恭忠、李霞：《倭寇记忆与中国海权观念的演进——从〈筹海图编〉到〈洋防辑要〉的考察》，载《江海学刊》，2007(3)。

㊵ (明)范涞：《两浙海防类考续编》卷八《海山沿革》，见《中国方志丛书》华中地方第 482 号，1065～1066 页，台北，成文出版社，1983。

㊶ 同上书，1063～1064 页。

㊷ 同上书，1067 页。

㊸ 同上书，1066～1067 页。

㊹ 陈春声：《身份认定与籍贯问题——以明清之际金门及邻近海域"海盗"的研究为中心》，见山西大学中国社会史研究中心编：《中国社会史研究的理论与方法》，79～94 页，北京，北京大学出版社，2011。

㊺ [美]穆黛安著，刘平译：《华南海盗：1790—1810》，21～23 页，北京，中国社会科学出版社，1997。

㊻ 葛剑雄：《中国历代疆域的变迁》，7～10 页，北京，商务印书馆，1997。

㊼ [英]安东尼·吉登斯著，胡宗泽等译：《民族—国家与暴力》，60、68～69 页，北京，生活·读书·新知三联书店，1998。

㊽ 赵云田：《清政府对蒙古、东北封禁政策的变化》，载《中国边疆史地研究》，1994(3)。

㊾ 邱仲麟：《另一座封禁山——明清浙赣交界云雾山的采木事件》，见中国地理学会历史地理专业委员会《历史地理》编辑委员会编：《历史地理》第 30 辑，279～296 页，上海，上海人民出版社，2014。

㊿ 唐立宗：《坑冶竞利：明代矿政、矿盗与地方社会》，台北，政大出版社，2011 年。

○51 [日]上田信：《封禁·开采·弛禁——清代中期江西における山地开発》，载《东洋史研究》，第 61 卷，第 4 号。

○52 (清)陈宏谋：《请开广信封禁山并玉山铅矿疏》，收入(清)贺长龄等辑：《皇朝经世文编》卷三十四《户政九·屯垦》，见沈云龙主编：《近代中国史料丛刊》第 74 辑，1250～1251 页，台北，文海出版社，1966。

(53) (清)陈宏谋：《请开广信封禁山并玉山铅矿疏》，收入(清)贺长龄等辑：《皇朝经世文编》卷三十四《户政九 · 屯垦》，见沈云龙主编：《近代中国史料丛刊》第 74 辑，1251 页，台北，文海出版社，1966。

(54) (清)胡宝瑔：《请仍封禁铜塘山疏》，收入(清)贺长龄等辑：《皇朝经世文编》卷三十四《户政九 · 屯垦》，见沈云龙主编：《近代中国史料丛刊》第 74 辑，1251～1253 页，台北，文海出版社，1966。

(55) (清)朱桂桢：《论南田山开垦状》，收入(清)贺长龄等辑：《皇朝经世文编》卷三十四《户政九 · 屯垦》，见沈云龙主编：《近代中国史料丛刊》第 74 辑，1253～1256 页，台北，文海出版社，1966。

(56) (清)胡宝瑔：《请仍封禁铜塘山疏》，收入(清)贺长龄等辑：《皇朝经世文编》卷三十四《户政九 · 屯垦》，见沈云龙主编：《近代中国史料丛刊》第 74 辑，1251～1253 页，台北，文海出版社，1966。

(57) 陈汉章：《缀学堂丛稿初集 · 南田志略》，13a～13b 页，浙江图书馆藏 1936 年排印本。

(58) [英]安东尼 · 吉登斯著，胡宗泽等译：《民族—国家与暴力》，62～63 页，北京，生活 · 读书 · 新知三联书店，1998。

(59) (清)杨殿材：《南田记略》，不分卷，77、79 页，浙江图书馆藏清末钞本。

(60) [法]米歇尔 · 福柯著，钱翰、陈晓径译：《安全、领土与人口：法兰西学院演讲系列，1977—1978》，52～61 页，上海，上海人民出版社，2010。

(61) (清)朱桂桢：《论南田山开垦状》，收入(清)贺长龄等辑：《皇朝经世文编》卷三十四《户政九 · 屯垦》，见沈云龙主编：《近代中国史料丛刊》第 74 辑，1253～1256 页，台北，文海出版社，1966。

(62) (清)杨殿材：《南田记略》，不分卷，86～87 页，浙江图书馆藏清末钞本。

(63) (清)魏源：《圣武记》卷十四《武事余记 · 议武五篇 · 军政篇》，见《魏源全集》第 3 册，561 页，长沙，岳麓书社，2004。

　　⑭　(清)杨殿材:《南田记略》,不分卷,99 页,浙江图书馆藏清末钞本。

　　⑮　陈汉章:《缀学堂丛稿初集·南田志略》,26b 页,浙江图书馆藏1936 年排印本。

　　⑯　钱永兴主编,吕耀钤、历家祯等纂修,郑松才、韩利诚点校:《象山县地方文献丛书:(民国)南田县志》卷三十四《杂志·公文》,203～212 页,北京,中华书局,2010。

　　⑰　科大卫:《告别华南研究》,见华南研究会编辑委员会编:《学步与超越:华南研究会论文集》,9～30 页,香港,文化创造出版社,2004。

　　⑱　刘志伟:《地域社会与文化的结构过程——珠江三角洲研究的历史学与人类学对话》,载《历史研究》,2003(1)。

　　⑲　赵世瑜:《"不清不明"与"无明不清"——明清易代的区域社会史解释》,载《学术月刊》,2010(7)。

　　⑳　赵世瑜:《在空间中理解时间:从区域社会史到历史人类学·叙说》,9～10 页,北京,北京大学出版社,2017。

　　㉑　刘志伟、孙歌:《在历史中寻找中国——关于区域史研究认识论中的对话》,42 页,上海,东方出版中心,2016。

　　㉒　[美]詹姆士·斯科特著,王晓毅译:《逃避统治的艺术:东南亚高地的无政府主义历史》,8 页,北京,生活·读书·新知三联书店,2016。

　　㉓　王毓铨:《明代的军屯》,北京,中华书局,1965。

　　㉔　谢湜:《"以屯易民":明清南岭卫所军屯的演变与社会建构》,载《文史》,2014(4)。

　　㉕　(清)张坦熊:《特开玉环志》卷四《总论》,见《玉环古志》整理委员会编:《玉环古志》,141 页,北京,中华书局,2000。

　　㉖　(清)张坦熊:《特开玉环志》卷一《议详》,见《玉环古志》整理委员会编:《玉环古志》,42 页,北京,中华书局,2000。

　　㉗　以上资料参见浙江省玉环县编史修志委员会编纂:《玉环县志》,623～664 页,上海,汉语大词典出版社,1994。

⑱　Helen Siu and Liu Zhiwei, "Lineage, Market, Pirate and Dan: Ethnicity in the Pearl River Delta of South China," in *Empire at the Margins: Culture, Frontier, and Ethnicity in Early Modern China*, eds. Pamela Kyle Crossley, Helen F. Siu and Donald Sutton (Berkeley: University of California Press, 2006), pp. 285-310.

⑲　刘志伟、孙歌：《在历史中寻找中国——关于区域史研究认识论中的对话》，83～86 页，上海，东方出版中心，2016。

⑳　[法]吕西安·费弗尔著，高福进、任玉雪、侯洪颖译：《大地与人类演进：地理学视野下的史学引论》亨利·贝尔序，8 页，上海，上海三联书店，2012。

㉛　《光绪四年正月二十九日浙江巡抚梅札文》，见钱永兴主编，吕耀钤、历家祯等纂修，郑松才、韩利诚点校：《象山县地方文献丛书：(民国)南田县志》卷三十四《杂志·公文》，196～197 页，北京，中华书局，2010。

㉜　钱永兴主编，吕耀钤、历家祯等纂修，郑松才、韩利诚点校：《象山县地方文献丛书：(民国)南田县志》卷七《职官表》，23 页，北京，中华书局，2010。

㉝　钱永兴主编，吕耀钤、历家祯等纂修，郑松才、韩利诚点校：《象山县地方文献丛书：(民国)南田县志》卷二十七《户口》，129 页，北京，中华书局，2010。

㉞　(清)施仁纬：《鄞象合筑南田龙泉大塘节略》，见钱永兴主编，吕耀钤、历家祯等纂修，郑松才、韩利诚点校：《象山县地方文献丛书：(民国)南田县志》卷三十四《杂志》，188 页，北京，中华书局，2010。

㉟　《奏报浙江省宁波府南田地方设置抚民厅》(宣统元年六月十日)，台北故宫博物院清代宫中档及军机处档折件，文献编号179573。

㊱　钱永兴主编，吕耀钤、历家祯等纂修，郑松才、韩利诚点校：《象山县地方文献丛书：(民国)南田县志》吕耀钤序，6 页，北京，中华书局，2010。

㊲　钱永兴主编，吕耀钤、历家祯等纂修，郑松才、韩利诚点校：《象

山县地方文献丛书：(民国)南田县志》卷二十五《地理志・海塘》，51 页，北京，中华书局，2010。

(88) 同上书。

(89) 钱永兴主编，吕耀钤、历家祯等纂修，郑松才、韩利诚点校：《象山县地方文献丛书：(民国)南田县志》卷二十七《户赋志・户口》，65 页，北京，中华书局，2010。

(90) 《奏报浙江省宁波府南田地方设置抚民厅》(宣统元年六月十日)，台北故宫博物院清代宫中档及军机处档折件，文献编号 179573。

(91) 《地方通信・宁波》，载《申报》，1919-06-06。

(92) 《南田县呈复实业状况》，载《申报》，1923-10-28；《庄崧甫履勘三门湾之报告》，载《申报》，1928-10-23。

(93) 《浙南田县拟迁县治》，载《申报》，1923-06-19。

(94) 钱永兴主编，吕耀钤、历家祯等纂修，郑松才、韩利诚点校：《象山县地方文献丛书：(民国)南田县志》卷二十五《地理志・建置》，北京，中华书局，2010。

(95) 《浙省将撤销宁波市与南田区》，载《申报》，1928-10-18。

(96) 以上史事参见郭华巍主编：《潮起潮落——近代三门湾开发史事编年(1899—1949)》，上海，上海人民出版社，2010。

(97) 《浙东南田风光》，载《申报》香港版，1939-02-01。

(98) 刘志伟：《大洲岛的神庙与社区关系》，见郑振满、陈春声主编：《民间信仰与社会空间》，415～437 页，福州，福建人民出版社，2003。

(99) Michael A. Szonyi, *Cold War Island*: *Quemoy on the Front Line*, Cambridge University Press, 2008. 中译本：[美]宋怡明著，黄煜文、陈湘阳译：《前线岛屿：冷战下的金门》，台北，台大出版中心，2016。

(100) 《日军图犯南田，被华方守军击退》，载《申报》，1939-12-27。

(101) 《难民移垦三门湾问题》，载《申报》，1948-05-30。

(102) [美]穆盛博著，胡文亮译：《近代中国的渔业战争和环境变化》，南京，江苏人民出版社，2015。

⑬　民国《岱山镇志》卷十《志社庙》，见《中国地方志集成·乡镇志专辑》，第 25 册，497 页下，南京、上海、成都，江苏古籍出版社、上海书店、巴蜀书社，1992。

⑭　钱丰：《盐、社庙与革命——清代舟山群岛社区历史的个案研究》，硕士学位论文，中山大学，2012。

后 记

当我完成第一部著作《高乡与低乡：11—16 世纪江南区域历史地理研究》的时候，业师葛剑雄教授曾期望我将该书的研究路径和方法移植于其他区域，并探索新的方向。此后数年，从江南三角洲平原走向南岭山地和东南沿海，我感觉人地关系的复杂程度远远超出此前的想象。于是，我尝试考察定居聚落，追寻流动人群，思考村落聚散，理解社会更新，更充分地考虑历史上人类活动对环境的综合影响，以及人群组织在社会空间再生产中的能动性，更多地关注跨地域人群流动的社会文化机制。

从 2010 年开始，我连续四年担任了"田野与文献研习营：南中国海地区的历史与文化"的田野导师，因此每年我都会在金门岛珠山村来喜楼的民宿里住上一周，白天和其他同人一起带学员进行密集的金门岛乡村调查和文献讨论，晚上则有幸充当茶童，听来喜楼"王爷"（王秋桂教授）和各位师长侃侃而谈，时而前往夜幕下静谧的料罗湾，遥想当年海氛之不平。研习营跨越两岸，一周的金门岛行程后接着去厦门，此后就紧锣密鼓地穿梭于闽粤之交的城市与乡村、山地与平原以及东山和南澳等岛屿。酷暑时节这种"不近人情"的艰苦行程往往发人深省，触发大家从更广阔的视角思考闽南文化的时空维度。春声老师在研习营讲座中对 16 世纪闽粤交界地域"山海"之间人群活动的生动描述，也给我留下了深刻的印象。记得在来喜楼的夜茶会上，郑振满、刘志伟、陈春声、赵世瑜、宋怡明（Michael Szonyi）、王鸿泰等老师，曾非常激烈地辩论关于"海岛迁界"、民间信仰"标准化"等问题，当时作为茶童的我，在激战数方的炮火覆盖下无处可逃，这直接点燃了我追寻明清之际东南海岛史事的强烈兴趣。研习营的点滴，如同金门高粱酒一般，甘洌而香醇，纯粹而直接，令人难以忘却。

在研习营举办的前后，机缘凑巧，我得到了多次东南沿海和海岛考察的机会。譬如，2010 年秋与师友吴滔、于薇、杨培娜和研究生罗欧亚赴台州和玉环调查，2012 年正月与师友陈春声、刘志伟、程美宝、吴滔、于薇、杨培娜等和研究生钱丰、郭润绿赴舟山群岛考察；又如，2013、2014 年连续两年夏天和中山大学历史学系的本科生、研究生们一起在雷州半岛进行实践教学。这些游历令我不断走近不同海域、海湾和海岛的社会民生，思考其风俗播迁的历史机缘；我也很高兴能与罗欧亚、钱丰、姚漈、谢林辉等同学一起漫步乡野，读书思考，他们认真完成的学位论文各具特色，十分优秀，都给了我很大的启发。对本书写作最重要的实地考察经历，要数 2013 年之后与厦门大学张侃教授团队在温州、台州、宁波等地的田野工作坊，我在书中已多次提及，此不赘述。在此，谨向给予我指点和帮助的张侃教授和张卫中先生，以及温州、台州、宁波地区的文史专家和公藏机构表示由衷的感谢。

2012 年以来，我参加了中山大学历史学系曹家齐教授主持的教育部重大课题攻关项目"7—16 世纪中国南部边疆与海洋经略研究"和王承文教授主持的重大研究项目"古代环南中国海开发与地域社会变迁研究"，课题组专家和同人们丰硕且多元的研究成果给了我很多启示。承蒙朱鸿林教授邀请，我自 2012 年起兼任香港孔子学院中国历史文化研究中心研究员，主持明清浙江海疆经略与海岛社会的研究课题，朱先生始终给予关怀和支持，让我备受鼓舞。我还应邀加入香港中文大学科大卫教授和贺喜学姐主持的"从浮生到定居：水上人上岸史的比较研究"项目团队，我关于舟山群岛的专题论文收入该项目成果——由 Routledge 出版社出版的英文论文集 *The Fisher Folk of Late Imperial and Modern China*：

An Historical Anthropology of Boat-and-shed Living，期间科大卫教授给予指点和帮助，并惠示重要史料，令我受益匪浅。

2015—2016年，承蒙中山大学"岭南基金会中青年骨干教师培养项目"资助及耶鲁大学人类学系萧凤霞教授邀请，我有幸赴耶鲁大学麦克米兰国际与区域研究中心访问一年，这部小书的框架就是在麦克米兰中心的工作室构思而成的。访问期间，我得以阅览耶鲁大学斯特林纪念图书馆所藏《清代东南洋航海图》原本和其他文献，也学习了萧凤霞、詹姆士·斯科特、濮德培（Peter C. Perdue）等教授的人类学、政治学及农业研究课程，这些课程视野宏阔、意味深长，对我思考海洋贸易和聚落生计大有裨益。访美期间，我曾到波士顿向哈佛大学宋怡明教授请教，赴圣路易斯华盛顿大学拜访麦哲维（Steven B. Miles）教授，他们对我的海岛研究都给予鼓励和很好的建议；宾夕法尼亚大学费丝言教授曾专门邀请我赴宾大报告该研究成果，使我有机会得到宾大东亚系各位学者的批评指正。在此我尤其感谢萧凤霞教授惠予我这段难得的访学历程。

在本书修改校订的过程中，台北"中央研究院"谢国兴教授、上海师范大学钟翀教授、复旦大学历史地理研究中心孟刚兄、浙江大学杜正贞教授，以及中山大学文献与文化遗产管理部何韵博士、谭玉华博士曾馈赠或协助复制地图文献，李庆新教授和周鑫、王璐、李志毓、吴晓美等师友亦曾提出宝贵意见。在资料校对过程中，张程娟、欧阳琳浩、蔡群、张爱萍、谢立欣曾给予悉心的帮助。山海故人，旧友新知，我都难以忘怀。

这部小书是阶段性的小结，是呈交师友与学界同行批评的习作，不足之处还有很多。譬如，关于流动性问题，一年多前我曾向孙歌教授请教，她对我鼓励有加，希望我能更多地探讨方法论问题，我也心向往之，但吊诡的问题出现了——当考察流动性成为一种不易满足的探索自觉，我的兴趣开始转移到陆地上的"海岛现象"，我对南岭山地人群迁移和聚落变迁的思考似乎也多了几分"海味"。在讨论封禁海岛的"封闭性"问题时，我的思路也常常溢出海岛之外。在有关海岛封禁和开禁的各类档案的解读中，我尽量细致地体会政治地理思想的演变，通过海疆经略的沿革透视帝国疆土管理观念的趋向。

理想往往超越现实，一时没法达到的目标常常衍为拖沓的借口。如果没有策划编辑宋旭景女士不厌其烦的督促，我可能还踌躇不前；责任编辑岳蕾女士的悉心编加，也帮助我节省了不少修改的时间。如今学术出版着实不易，我要向她们表示诚挚的谢意和歉意。

在定稿付梓前夕，艾姝博士协助我征得中国著名木刻版画家刘岘先生家属的同意，有幸承蒙俯允，我得以借用刘先生版画大作《惊涛》作为封面插图。图书开本所限，我们只能截取该画作的局部，无法展示它的壮阔全景。慨叹之余，我想，这不正像拙著一样，打开了一扇眺望浩瀚山海的小小窗户？沙鸥翔集，惊涛拍岸，孤帆远影，晨曦在望，我期待新的启航。

谢　湜

2020 年 6 月

图书在版编目(CIP)数据

山海故人：明清浙江的海疆历史与海岛社会/谢湜著. —北京：北京师范大学出版社，2020.9(2021.11 重印)
（历史人类学小丛书）
ISBN 978-7-303-26190-1

Ⅰ.①山… Ⅱ.①谢… Ⅲ.①海疆－历史－研究－浙江－明清时代 Ⅳ.①K928.19

中国版本图书馆 CIP 数据核字(2020)第 157401 号

营 销 中 心 电 话 010-58805385
北 京 师 范 大 学 出 版 社 http://xueda.bnup.com
主题出版与重大项目策划部

SHANHAI GUREN
出版发行：北京师范大学出版社　www.bnup.com
　　　　　北京市西城区新街口外大街 12-3 号
　　　　　邮政编码：100088
印　　刷：鸿博昊天科技有限公司
经　　销：全国新华书店
开　　本：890 mm×1240 mm　1/32
印　　张：12.5
字　　数：163 千字
版　　次：2020 年 9 月第 1 版
印　　次：2021 年 11 月第 2 次印刷
定　　价：59.00 元

策划编辑：宋旭景　　　　　责任编辑：岳　蕾
美术编辑：王齐云　　　　　装帧设计：王齐云
责任校对：陶　涛　　　　　责任印制：陈　涛　赵　龙